초역 삼국지

초역 삼국지

초판 1쇄 인쇄 2025년 6월 25일
초판 1쇄 발행 2025년 6월 30일

지은이 | 허우범
펴낸이 | 김승기, 김민수
펴낸곳 | ㈜생능출판사 / **주소** | 경기도 파주시 광인사길 143
브랜드 | 생능북스
출판사 등록일 | 2005년 1월 21일 / **신고번호** | 제406-2005-000002호
대표전화 | (031) 955-0761 / **팩스** | (031) 955-0768
홈페이지 | www.booksr.co.kr

책임편집 | 최동진
편집 | 신성민, 이종무
교정·교열 | 안종군
본문·표지 디자인 | 이대범
영업 | 최복락, 심수경, 차종필, 송성환, 최태웅, 김민정
마케팅 | 백수정, 명하나

ISBN 979-11-94630-11-1 (03160)
값 18,800원

- 생능북스는 (주)생능출판사의 단행본 브랜드입니다.
- 이 책의 저작권은 (주)생능출판사와 지은이에게 있습니다. 무단 복제 및 전재를 금합니다.
- 잘못된 책은 구입한 서점에서 교환해 드립니다.

초역 삼국지

抄譯 三國志

허우범 지음

4050의 시선으로 ─── 다시 읽는 삼국지

머리말

난세를 이겨내는 지혜,
「삼국지」에서 배우다

우리가 사는 세상은 분열과 통합을 반복한다. 번영과 안정의 시대가 지속되면 쇠퇴와 혼돈이 발생하고 위기와 분열의 시대가 지속되면 다시 새로운 질서와 발전을 위한 통합의 움직임이 일어난다. 「삼국지」는 바로 이처럼 반복되는 세상의 이치를 1,800여 년 전의 이야기를 통해 흥미진진하게 알려주는 고전이다.

우리는 지금 어떤 시대를 살고 있는가. 팬데믹의 긴 터널을 지나오긴 했지만, 우리는 여전히 정치적 불안과 경제 불황이라는 위태로운 상황에 놓여 있다. 설상가상으로 '기후 변화'와 '생태계 붕괴'라는 전 인류적 위기에 직면해 있고 지구촌 곳곳에 전쟁과 분쟁의 불씨가 남아 있어 가뜩이나 힘든 삶에 불안함이 가중되고 있다. 인공지능과 디지털 문명의 고도화는 인간의 삶을 더욱 편리하게 만들었지만, 이와 동시에 예상치 못한 부작용이 발생하면서 어두운 그림자를 드리우고 있다. 이에 따라 빈부 격차와 기회의 불균등, 인간관계의 단절, 삶의 의미 상실 등이 우리 시대의 중요한 문제로 떠올랐다.

우리는 평생학습이 필수인 시대에 살고 있다. 기술은 하루가 다르게 발전하고 있고 사회는 급변하고 있으며 직업은 그 어느 때보다 유동적이다. 대학에서 배운 학문이나 기술로 평생을 살아갈 수 있는 시대는 이미 오래전에 지났다. 꾸준한 학습으로 변화에 유연하게 대처하는 것이 선택이 아닌 필수인 시대가 된 것이다.

마흔을 넘긴 중년은 한 치 앞도 내다보기 어려운 시대를 살아가면서 더욱 복잡하고 무거운 중압감을 느낄 수밖에 없다. 혼란과 불확실성 속에서 매 순간 중요한 결정을 내려야 하기 때문이다.

오늘날의 중년들이 '지금 나는 어디쯤 와 있는지', '앞으로 어떻게 살아야 하는지'에 대한 고민에 빠져 있는 것도 어쩌면 당연한 일이라고 할 수 있다. 따라서 그 어느 때보다 빠르고 정확하며 지혜롭게 변화에 대응하는 방법을 아는 것이 중요하다. 특히, 중년 이후의 삶에서는 단순히 새로운 기술을 배우는 것을 넘어 삶을 깊이 이해하는 통찰력과 지혜가 필요하다. 인문학적 성찰과 고전에서 얻는 깊은 깨달음은 우리가 일상에서 마주하는 수많은 질문에 대한 해답을 찾는 데 큰 도움을 줄 수 있다.

이 책은 바로 그러한 질문들에 대한 답을 함께 찾아 나가는 여정을 제안한다. 혼란스러운 시대를 어떻게 이해하고 자신만의 길을 어떤 방법으로 개척해 나갈지 고민하는 분들을 위해 「삼국지」라는 고전 속에서 삶의 전략과 지혜를 배우도록 친절하게 안내하는 인생 참고서라고 할 수 있다.

「삼국지」는 단지 흥미진진한 전쟁 이야기만을 들려주는 작품이 아니다. 1,800여 년의 긴 역사가 증명하듯이 「삼국지」에는 혼란한 시대를 살면서도 인간답게 살고자 했던 수많은 인물의 선택과 삶이 담겨 있으며 그 이야기들은 오늘날 우리에게도 깊은 깨달음을 제공해 준다.

냉혹한 현실주의자 '조조', 넓은 포용력을 지닌 인본주의자 '유비', 치밀한 균형 감각을 가진 '손권', 뛰어난 전략가 '제갈량', 충의와 지조의 상징 '관우', 인내와 냉정함으로 승리를 쟁취한 승부사 '사마의' 등은 모두 혼란의 시대를 살면서 각자의 방식으로 길을 개척한 진정한 영웅들이었다. 그들의 삶과 고민은 시대를 초월하여 치열한 삶을 살고 있는 우리의 모습과도 많이 닮아 있다. 따라서 그들의 선택과 판단을 깊이 성찰하고 삶에 적용해 보는 것은 당연하고도 꼭 필요한 과정일 것이다.

==이 책은 「삼국지」의 주요 장면들을 바탕으로 오늘날 우리가 마주하고 있는 삶의 문제들을 어떻게 풀어 나갈 수 있을지를 함께 생각해 보고 독자 스스로 자신만의 방안을 찾아보도록 안내하는 방식으로 구성했다.==

이를 위해 총 다섯 개의 큰 주제를 설정한 후 40편의 소주제를 통해 위기의 시대를 올바르게 인식하는 방법부터 이를 극복하기 위한 내면의 성장과 실천적인 용기, 조직과 사회 속에서의 관계 맺기 그리고 행복한 삶을 위한 지혜로운 생활 방식까지 중년이라는 인생의 중요한 전환점에서 더욱 빛나는 삶을 만들어 나가는 데 필요한 여정을 충실히 담았다. 이 책이 '인간관계는 어떻게 형성해야 할지', '삶의 가치는 어디에 두어야 할지', '제2의 인생을 어떻게 살아 나갈지' 등을 진지하게 고민하고 있는 분들에게 훌륭한 길잡이가 될 것이라 확신한다.

2025년 6월

창 너머 새하얀 이팝나무를 바라보며

차례

| 머리말 | 004 |

제1장
난세를 어떻게 헤쳐 나가야 하는가
[위기]

1 난세는 언제나 되풀이된다   013
2 인생의 위기는 언제 찾아오는가   020
3 급할수록 뛰지 말고 불안할수록 여유를 가져라   028
4 창의적 도전 정신으로 무장하라   035
5 난세에도 꿈을 키워라   043
6 가족은 최고의 비타민이다   050
7 어둠 속에도 빛은 있다   057
8 모든 주인공은 난세를 이겨냈다   064

제2장
시대는 언제나 준비된 자의 것이다
[성장]

1 어떠한 아이콘이 될 것인가   073
2 새로움은 바꾸는 것이 아니라 쌓아가는 것이다   080
3 스스로의 가치를 높여라   087
4 약점은 나태와 자만을 일깨우는 힘이다   094
5 돌아보고 탄식하지 말라   101
6 변화의 흐름을 읽고 올라타라   108
7 사소한 이익 추구에 발목이 잡혀서는 안 된다   115
8 살아남는 자가 승리자다   122

제3장
뜻을 세운 자만이 길을 만든다
[용기]

1 세상은 어떻게 움직이는가   131
2 창조할 것인가, 계승할 것인가   139
3 지혜로운 새는 아무 곳이나 앉지 않는다   146
4 때가 왔음을 알고 그때를 놓치지 말라   152

5	불가능이란 것도 의지에 좌우되는 것이다	160
6	없어서는 안 될 사람이 되어라	168
7	대의명분도 시대를 거스르면 안 된다	175
8	스스로의 용기에 빠지지 말라	183

제4장 어떻게 성취하고 지킬 것인가 [관계]

1	진정한 리더는 무엇이 다른가	191
2	마음을 얻으면 세상 부러운 것이 없다	198
3	도덕적으로 우위를 차지하라	205
4	진짜로 소중한 것은 신의이다	212
5	믿으면 의심하지 말라	219
6	공을 나눌수록 기쁨은 더해진다	226
7	자만은 절대 금물이다	233
8	부드러움이 강함을 이긴다	240

제5장 어떤 주인공이 될 것인가 [지혜]

1	행복한 삶의 기준은 무엇인가	251
2	건강은 모든 삶의 원동력이다	258
3	인생의 참맛은 수어지교를 얻는 것이다	265
4	선함과 악함은 사용 여부에 달려 있다	272
5	흥망의 갈림은 만족함의 차이다	278
6	빛나되 드러내지 말라	285
7	명예와 이익의 가치를 생각하라	292
8	미래는 오늘의 나에게 달려 있다	299

부록 306

譯抄三國志

1

난세를 어떻게
헤쳐 나가야 하는가

위기

危機

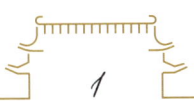

난세는 언제나 되풀이된다

'세상이 돌아가는 형세는 나누어진 지 오래면 반드시 합쳐지고 합쳐진 지 오래면 반드시 나누어진다(天下大勢, 分久必合, 合久必分).'

- 「삼국지」의 첫 구절

인류의 역사가 시작된 이래 과연 평화로운 시대가 있었는가. 우리는 태평성대를 일컬어 '요순(堯舜) 시대'라고 말한다. 단군 조선 시대에 해당하는 이 시기는 백성을 위하는 정치가 이루어져 모든 백성이 평화롭게 살았다고 한다. 이와 아울러 모두가 풍요롭고 행복하였기에 어른들은 두 손으로 배를 두드리며 즐거워하고 아이들은 나뭇조각을 깎아 서로 맞추는 놀이를 하면서 노래를 불렀다고 한다. 이로부터 태평세월을 누린다는 의미의 '고복격양(鼓腹擊壤)'이라는 사자성어가 탄생하였다.

모든 것은 변화한다. 정치도 살아 있는 생물과 같아서 시간이 흐르면 변할 수밖에 없다. 경제력이 좋아지면 인구가 늘어나고 인구가 많아지면 다툼이 일어난다. 이익을 우선시하는 다툼은 힘을 앞세우고 이는 급기야 권력 다툼으로 발전한다. 권력을 잡은 자는 오랫동안 누리려고 하고 권력에서 밀려난 자는 다시 권력을 잡을 기회를 엿본다. 이 과정의 연속이 '인간사(人間事)'이고 그 기록이 '역사'이다.

백성들이 바라는 태평성대는 평화적인 권력 이양에 따른 지속적인 고복격양에 있다. 권력은 백성이 원하는 것이 아니다. 오히려 백성은 권력 쟁탈에 따른 혼란을 걱정하고 그 여파로 삶이 파괴되는 것을 두려워한다. 하지만 역사는 언제나 백성의 바람과는 다르게 흘러왔다. 요순 시대도 마찬가지이다. 권력자는 스스로가 위기나 죽음의 위협을 느낄 때가 되어서야 자리를 내놓는다. 자신이 빼앗은 것처럼 빼앗기는 것이다. 역사는 이를 '선양(禪讓)'으로 미화하여 영원한 모범으로 만들었다. 즉, 요임금이 순임금에게 평화적으로 임금 자리를 물려 주었다고 기록함으로써 권력을 빼앗은 자들이 자신의 자리를 정당화한 것이다.

요순 시대에 이루어졌다는 선양은 「삼국지」에서 처음으로 나타난다. 바로 조조의 큰아들 조비가 한나라의 마지막 황제인 헌제로부터 선양을 받아 위나라를 건국하는 부분이다. 하지만 이는 목숨이 위태로운 헌제가 협박 때문에 어쩔 수 없이 황제 자리를 내려놓은 것임을 알고 있다. 이때의 '선양'은 보여 주기식 절차에 지나지 않는 것이니 요순 시대라고 해서 다를 것이 무엇이겠는가.

삼국지의 처음은 한나라의 분열에 따른 난세의 시작이고, 끝은 진나라의 통일에 따른 난세의 마감이다. 그런데 이 시기는 길게 잡아도 백 년 남짓이다. 인류의 역사는 수만 년에 이른다. 이에 비하면 백 년은 순간에 불과하다. 그런데 난세의 시대를 살고 있는 백성들은 그 기간에 수도 없이 죽어간다. 그만큼 난세는 힘 없는 백성들에게는 지옥과도 같은 것이다.

삼국지의 시대적 배경은 중국의 후한 말기(168~190년)로, 이때는 나이 어린 황제들이 연이어 권좌에 올랐다. 그러자 외척과 환관들이 황제를 대신하여 권력을 잡고 정치를 좌지우지하였다. 어린 황제는 그야말로 종이호랑이에 불과한 시대였다.

백성들은 황제가 누가 되든 관심이 없다. 그저 하루하루가 편안하고 배부르면 만족하였다. 그런데 농사도 매년 자연재해가 겹쳐 먹고살기조차 힘들었다. 하지만 관리들은 이런 상황에서도 날마다 백성의 숨통을 조였다. 세금을 올리고 사소한 일에도 백성을 동원하였다. 이를 어기면 가혹한 형벌이 가해지니 백성은 살아도 산 것이 아니었다.

세상이 이렇게 엉망이다 보니 여기저기서 해괴망측한 일들이 벌어졌다. 황제가 앉는 옥좌에 푸른 뱀이 나타나고 암탉이 수탉으로 변했다고도 하였다. 그야말로 있을 수 없는 가짜 뉴스가 천하를 진동시켰다. 백성들은 혼란스러웠다. 스트레스가 이만저만이 아니었다. 경제력은 고사하고 정신적인 고통도 심해졌다. 참다못한 백성들이 한 마디씩하였다.

낙양성의 상서문(上西門) 바깥에 사는 여자가 아이를 낳았다. 가슴은 하나이고 머리와 어깨는 둘이었다. 해괴한 일로 여겨 아이를 버렸다. 이후 사람들은 나라의 정치가 권력자들의 손아귀에 놀아나자 "위아래 구별이 없는, 머리가 둘 달린 꼴"이라고 하였다.

- 『후한서』

「삼국지」는 지옥 같은 삶에서 벗어나고 싶은 백성들이 '황건적'이 되어 폭동을 일으키는 장면부터 시작한다. 그리고 이러한 백성의 난을 빌미로 정치적 야욕에 눈먼 군벌들의 피비린내 나는 살육의 현장이 펼쳐진다. 명분은 언제나 백성을 위한다는 것이고 속셈은 언제나 자신들의 야심을 달성하는 것이었다.

백성을 위하고 세상을 평안하게 하겠다는 정치는 위정자들의 정권 유지를 위한 책략에 불과하다. 그것이 지켜지면 정권 유지는 태평성대(太平聖代)요, 지켜지지 못하면 정권 유지 또한 불안하다. 정권의 혼란은 언제나 그들로 인해 시작되며 폭력은 이러한 혼란으로부터 나온다. 그렇다면 무엇이 변하였는가. 위정자가 바뀌었을 뿐, 달라진 것은 없다. 시간이 지나면 정치는 또 엉망진창이 되고 살기 힘든 백성은 또다시 도적으로 기록된다.

영국의 역사가인 E. H. 카아는 『역사란 무엇인가』에서 '역사는 도전과 응전의 반복'이라고 하였다. 도전이 분열된 난세의 키워드라면 응전은 통일로 가는 치세의 키워드라고 볼 수 있다. 결국, 역사란 '한 번 다스려지면, 한 번 혼란해진다.'라는 '일치일란(一治一亂)'의 반복인 것이다. 이처럼 반복되는 역사는 정도의 차이는 있을지언정 누구나 자기 인생에서 난세의 시기를 겪지 않을 수 없다. 「삼국지」도 이 사실을 잘 아는지라 마지막 부분에서 세상사의 이치를 다시 한번 강조한다.

'세상이 돌아가는 형세는 합쳐진 지 오래면 반드시 나눠지고 나눠진 지 오래면 반드시 합쳐진다.(天下大勢, 合久必分, 分久必合)'

- 「삼국지」의 마지막 구절

난세는 언제나 우리가 살아가는 삶 속에 있기 마련이다. 따라서 난세를 살아감을 스스로 탓할 필요는 없다. 언제나 난세가 반복된다면, 그리고 누구나 헤쳐 나가야 하는 것이라면 난세일수록 두각을 나타낸 영웅들처럼 멋지고 확실하게 이겨낼 필요가 있다. 투지와 용기, 나만의 전략을 갖춘다면 아무리 난세라 해도 크게 걱정할 것이 못 된다.

그렇다. 우리는 인류 역사상 가장 중요한 시대, 주인의 권리를 가장 잘 누릴 수 있는 시대를 살고 있다. 이제 힘들고 지친다는 생각과 두려움을 떨치고 내가 주인공인 세상으로 나아가자. 난세의 삶을 용감하게 뛰어넘어 스스로 빛나는 역사적 삶을 만들어 보자.

 난세를 이겨내는 나만의 장점과 전략에는 어떤 것이 있는지 찾아보세요.

인생의 위기는 언제 찾아오는가

"즉시 깃발을 전부 감추고 모든 군사는 각자 성 위의 구역을 잘 지키도록 하라. 만일 멋대로 나다니거나 큰 소리로 떠드는 자가 있으면 그 자리에서 목을 쳐라. 모든 대문을 활짝 열어젖히고 문마다 20명의 군사를 백성으로 변장시켜 물을 뿌리면서 길을 쓸게 하라. 만일 위군이 오더라도 멋대로 움직이면 안 될 것이다. 나에게 생각해 둔 계책이 있다."

- 제갈량이 병사들에게 한 말

제갈량이 1차 북벌에서 기산을 차지하고 마속에게 중요한 요충지인 '가정'을 지키게 하였다. 하지만 마속이 전략의 실패로 가정을 빼앗기자 제갈량은 형세의 위태로움을 깨닫고 즉각 철수 명령을 내렸다. 제갈량이 후퇴하려 할 때 사마의가 15만 명의 대군을 이끌고 쳐들어왔다. 이때 제갈량에게는 2,500명의 병력밖에 남아 있지 않았다. 자칫 목숨마저 잃을 수 있는 위급한 상황에서도 제갈량은 병사들에게 침착하고 단호하게 명령하였다. 이어 제갈량은 학창의(鶴氅衣)를 입고 윤건(綸巾)을 쓰고 성 위에 올라 향을 피우고 거문고를 탔다. 그러자 사마의는 제갈량이 복병을 숨겨놓은 것이라고 의심하고 군대를 급히 후퇴시켰다. 제갈량은 그 틈을 타 군대를 안전하게 철수시켰다.

이 장면은 제갈량의 일생 최대의 위기였다. 하지만 그는 침착하고 냉정하며 굳건한 믿음으로 슬기롭게 위기를 이겨 냈다. 제갈량이 위기를 잘 벗어난 것은 소설적 묘사인 신묘한 지략으로만 보아서는 안 된다. 제갈량이 그동안 치렀던 전투에서 보여 준 신중한 전략과 전술, 적장 사마의에 대한 철저한 연구, 비상 상황에 대한 냉철한 판단, 뛰어난 임기응변과 같은 요건들이 정확하게 들어맞았기에 목숨이 위태로운 위기에서 벗어날 수 있었다.

우리는 살아가면서 다양한 위기에 봉착한다. 입시와 전공, 취업과 결혼, 자녀 교육과 가장의 역할 등 성장 과정에서 발생하는 변화는 물론, 급변하는 시대에 예측이나 통제할 수 없는 갑작스러운 위기를 맞이하기도 한다. 앞만 보고 성실하게 달려온 세월이건만, 시대는 언제나 시끄럽고 삶은 지난날보다 팍팍하다. 올해도 벚꽃 만발한 봄이 왔건만, 귀밑머리에 희끗한 머리카락이 보일 때면 왠지 모르게 가슴 속이 헛헛하다. 지극히 모범적인 삶과 생활이건만, 청춘 시절의 목표는 아직도 멀리 있고 오늘도 자립과 책임을 위한 시계추 같은 삶을 살고 있는 모습에서 스스로의 정체성에 대하여 진지한 고민과 마주하게 된다.

나의 존재감과 자유 의지는 무엇인가
나는 어떤 삶을 살고 싶은가
현재 나의 생활은 내가 진정 원하는 삶을 이루기 위한 과정인가
미래 나의 삶을 위하여 무엇을, 어떻게 준비해야 하는가

우리는 대부분 대학 시절까지 평화로운 시기를 보낸다. 이

때 비로소 삶의 목적과 목표를 정하게 된다. 하지만 대학 졸업과 함께 냉혹한 현실과 마주친다. 자의든 타의든 내가 선택한 전공은 취업이라는 난관에 부딪히고 그때마다 나름대로 설계한 목표는 수정을 반복한다. 심지어 전혀 다른 길을 설정하기도 한다. 준비가 부족했던 것일까? 그렇지는 않다. 우리는 지금 전 지구적인 '불확실성'과 '급변'이라는 난세의 중심에 있기 때문이다. 난세는 좁은 취업의 관문을 통과한 직장인에게도 위기이다. 본격적인 삶의 목적을 추구하는 나이에 '퇴직'이라는 섬뜩한 명함을 받을 수도 있기 때문이다.

인생의 반환점을 앞둔 시기는 꿈꿔왔던 후반 인생을 준비하는 중요한 출발점이기도 하다. 이러한 시기에 맞이하는 위기는 그 어떤 때보다 크다. 하지만 이를 잘 이겨내면 삶의 목적에 더욱 가깝게 다가설 수 있다. 따라서 현재 겪고 있는 위기는 제갈량이 그러했듯이 반드시 이겨내야만 하는 것이다. 그렇다면 이 위기를 어떻게 이겨낼 것인가.

"사마의는 위의 명장입니다. 지금 15만 명의 정예병을 거느리고 왔다가 승상을 보고는 어째서 즉시 물러갔습니까?"

"이 사람은 내가 지금까지 일을 세심하고 신중하게 처리한 것을 알기에 모험을 하는 것이 아니라고 여기고는 복병이 있을 것이라고 의심하여 물러간 것이다. 나는 모험을 하는 사람이 아니지만 상황이 어쩔 수 없었기에 그리했을 뿐이다."
- 사마의가 후퇴한 것이 궁금한 병사들에게 제갈량이 한 말

제갈량도 공성계를 지시할 때 두려움을 느꼈다. 하지만 담대함으로 두려움을 감추고 용감함으로 두려움을 떨쳐냈다. 상대편에 관한 철저한 연구가 바탕이 된 용감함은 아무리 큰 위기도 잘 이겨내는 힘이 된다는 것을 제갈량의 사례를 통해 배울 수 있다. 가장 무서운 적은 자신의 마음이다. 자기 내면에서 오는 불안과 두려움을 다스리지 못하면 일은 언제나 실패를 맛보게 된다. 그러므로 내면의 평정심을 유지하는 굳건한 마음가짐이 필요하다.

"제갈량은 세심하고 신중하게 일을 처리하였고 지금까지 단 한 번도 모험한 적이 없다. 지금 성문을 활짝 열어 놓고 있는 것을 보면 매복이 있는 것이 틀림없다. 만일 우리 군

사가 들어갔다가는 그의 계략에 말려들 것이다. 너희들이 그것을 어떻게 알겠느냐? 속히 물러나기나 해라!"

– 사마의가 군사들에게 명령한 말

제갈량의 공성계에 속아 사마의가 군사를 후퇴시키려고 하자 그의 아들 사마소가 이해할 수 없다는 듯이 물었다. 그러자 사마의가 아들을 타이르며 한 말이다. 즉, '제갈량은 언제나 세심하고 신중하며 모험을 하지 않는다.'라는 것이다. 이는 사마의가 제갈량의 전술을 파악한 결과이다. 사마의가 제갈량에 대하여 이런 평가를 하게 된 것은 그동안 제갈량이 보여 준 것들을 종합한 것이다. 따라서 제갈량이 평소 얼마나 신중하고 안전한 전략을 펼쳤는지를 알 수 있다.

그런데 이렇게 신중한 제갈량에게도 위기가 찾아왔다. 위기의 강도가 여차하면 죽을 수도 있는 심각한 것이었다. 이러한 상황에서 제갈량은 평생 자신이 써 오던 전술을 혁신적으로 바꾼다. 그야말로 모든 사람이 '제갈량은 절대로 그렇게 하지 않는다.'라고 믿는 부분을 뒤집은 것이다. 그러자 지금까지 제갈량에 관한 연구를 마친 사마의도 꼼짝없이 제갈량의 계략에 넘어갈 수밖에 없었던 것이다.

제갈량이 공성계를 펼친 것은 끊임없이 자기 계발에 힘쓴 결과이다. 우리는 인문학의 중요성을 강조하면서 막상 인문학적 공부를 게을리한다. 인문학 공부는 금방 성과가 나타나는 것이 아니다. 매일매일 일정한 시간과 노력이 병행되어야만 성과를 거둘 수 있다. 이렇게 쌓인 인문학 공부는 위기에서 빛을 발한다. 급박한 문제를 해결해야만 할 때 올바른 해결책을 알려 주는 것이 곧 인문학의 힘이다. 제갈량이 공성계를 펼쳐 성공한 것은 사마의가 그랬던 것처럼 제갈량도 사마의의 성격을 철저하게 분석하고 이를 역으로 활용했기 때문이다.

제갈량의 사례는 언제나 자기 계발을 열심히 하는 사람은 대부분의 위기를 슬기롭게 이겨낼 수 있다는 것을 알려 준다. 이와 더불어 새로운 가치관과 미래를 대비한 학습을 병행한다면 그 어떤 위기가 닥쳐도 제갈량처럼 슬기롭게 이겨낼 수 있을 것이다.

 내게 예상하지 못한 위기가 닥쳤을 때 이를 이겨내는 방법으로 선택할 수 있는 것에는 어떤 것이 있는지 생각해 보세요.

인생의 위기는 언제 찾아오는가

급할수록 뛰지 말고
불안할수록 여유를 가져라

"주군! 하늘의 기운이 좋지 않으니 잠시 군사를 철수시켜 돌아가는 것이 좋겠습니다."
"나는 여러 번 싸웠지만 싸울 때마다 이겼다. 이제 양양성 함락이 눈앞에 있는데 깃대가 바람에 부러졌다고 해서 어찌 갑자기 군사를 후퇴시킨단 말이냐?"

- 손견의 부하 한당이 전투를 멈추자고 하자
이를 반대하는 손견의 말

원술은 사촌형 원소가 하북을 차지하자 군마 1,000필을 요청하였다. 형주의 유표에게는 양곡 20만 석을 빌려달라고 하였다. 그러나 원소도 유표도 이를 거절하였다. 분통이 터진 원술은 손견이 유표와 사이가 좋지 않은 것을 알고 유표를 은밀히 공격하게 하였다. 자신이 원소를 치겠다고 설레발을 쳤다.

  손견은 옥새 사건으로 유표와 원수가 된 터라 원술의 말을 그대로 믿었다. 부하 장수인 정보가 원술의 속임수라고 말했지만 듣지 않았다. 그리하여 손견은 군사를 이끌고 형주의 유표를 공격하였다. 처음은 손견이 기세 좋게 이겼다. 그러자 손견은 자신감이 넘쳤다. 금세 원수를 무찌를 것처럼 보였다. 손견은 20여 기의 작은 병력만 이끌고 급하게 유표군을 치러 갔다. 하지만 그뿐, 유표의 참모인 괴량의 전략대로 미리 매복해 둔 군사들에게 돌과 화살을 맞아 그 자리에서 죽고 말았다. 그의 나이 겨우 37세였다. 손견은 혈기만 믿고 앞뒤 생각 없이 돌진하다가 목숨을 잃은 것이다.

  "곽가가 조조에게 말하길, 주공(손책)은 족히 두려울 것이 없다고 말했습니다. 경솔한데다 준비성이 없으며 성급한데다 꾀도 적으니 이는 필부(匹夫)의 혈기이며 훗날 반드시 소인(小人)의 손에 죽을 것이라고 말했습니다."

  "하찮은 놈이 어디서 감히 나를 머저리 취급한단 말이냐!

> 내 반드시 허도를 쓸어버리겠다!"
> – 조조를 염탐한 부하의 보고를 들은 손책이 한 말

손견이 죽자 큰 아들인 손책이 권력을 이어받았다. 손책은 강동에서 나날이 세력을 키워 드디어 강동의 패자가 되었다. 조조는 손책이 강성해지자 "사자 새끼와 싸우기 어렵게 되었다."라며 조인의 딸을 손책의 막내 동생인 손광과 결혼시켜 인척 관계를 맺었다. 하지만 손책은 조조의 허도를 기습 공격할 때만을 노리고 있었다. 이를 간파한 오군태수 허공이 조조에게 몰래 편지를 보냈다. 편지는 '손책에게 적당한 벼슬을 주고 안으로 불러들여 후환을 제거하라.'라는 내용이었다. 그런데 조조에게 밀서를 전하려던 사자가 손책의 부하에게 잡혔다. 밀서를 보고 화가 난 손책은 그 사자와 허공을 죽여버렸다.

어느 날, 손책이 사냥을 나가 사슴을 잡기 위해 혼자 급하게 말을 몰아 산으로 올랐다. 그런데 그곳에는 세 사람이 창과 활을 가지고 기다리고 있었다. 손책이 누구냐고 묻자 "우리는 허공의 문객이다. 주인의 원수를 갚으려고 여기서 기다

렸다."라며 곧바로 손책을 찔렀다. 손책은 부하들의 도움으로 겨우 목숨을 건졌지만 온몸은 상처투성이였다. 의사는 손책에게 "독이 뼛속까지 스며들어 있으므로 반드시 백 일 동안 안정을 취하라."고 하였다. 하지만 성질이 불같은 손책은 오히려 의사가 금방 고치지 못하는 것을 원망하였다. 이때 조조를 염탐한 사자가 돌아와 위와 같이 보고하자 손책은 더욱 화가 치밀어 참모들의 조언도 무시하고 자기 몸을 돌볼 생각을 하지 않았다. 결국 손책은 경솔한 행동과 성급한 성질 때문에 26살에 요절하고 만다.

'급할수록 돌아가라.'라는 속담이 있다. 일이 급할수록 서두르지 말고 하나씩 차근차근 처리하는 것이 좋다는 뜻이다. 급하다고 서두르다 보면 일 처리가 잘못될 경우가 많다. 결국 헛수고만 한 꼴이 되어 찬찬히 처리함만 못한 것이 된다. 급히 먹는 밥이 체하듯이 서두를수록 실수하게 되고 실수가 늘어날수록 불안과 초조가 더해진다. 따라서 마음이 급하더라도 잠시 멈추고 하나씩 차근차근 처리해야 한다.

'예전에 손견은 30여 기만 이끌고 나갔다가 죽었고 이번에 손책은 혼자 말을 타고 나갔다가 다쳤다. 모두가 경솔하고 방비를 하지 않았기에 나라를 키우지 못하고 도적놈들에게 죽은 것이다. 만승(萬乘)의 지중한 몸일지라도 용맹한 자들은 가벼이 여긴다. 손견과 손책이 제왕이 되지 못한 것도 바로 이러함 때문이다.'

― 청, 모종강 「삼국지」 편

   일을 차근차근 처리하는 것은 꾸준함과 성실함이 밑바탕이 되어야 한다. 이 과정에서 새로운 방법과 좋은 생각이 떠오르게 된다. 앞서 나가다가 잠자는 토끼가 아닌 묵묵히 노력하는 거북이처럼 꾸준함과 성실함이 빨리 가는 방법인 것이다.

'제가 듣자하니 원희와 원상이 요동으로 몸을 피했다고 하는데, 공께서는 급하셔도 절대로 공격하면 안 됩니다. 공손강은 오래 전부터 원씨가 자기 땅을 뺏을까 봐 걱정했는데 이제 원희와 원상이 그리로 갔으니 반드시 의심할 것입니다. 이러한 때 군사를 이끌고 공격하면 그들은 반드시 힘을 합쳐 맞설 터이니 금방 쳐부술 수 없습니다. 하지만 공격을

늦추고 있으면 공손강과 원씨는 반드시 자기들끼리 죽이고자 일을 꾸밀 것입니다. 그들의 형편이 그러합니다.'
― 곽가에 조조에게 유언으로 남긴 편지

조조는 관도대전에서 원소에게 대승을 거뒀다. 그러자 원소의 아들들이 요동으로 달아났다. 조조는 관도에서 승리한 기세를 몰아 원소 일가를 제거하고 하북 지역을 차지하려는 욕심이 생겼다. 그리하여 험난한 길과 좋지 않은 날씨도 마다하지 않고 군사를 진격시켰다. 조조는 다급함에 군사들을 재촉하였는데 막상 적을 앞에 놓고는 전투도, 회군도 하지 않았다. 군사들이 의아해하는 것과 달리, 조조는 마냥 여유롭게 대기하라고만 하였다. 그러자 얼마 후 공손강이 조조에게 원희와 원상의 머리를 베어 바쳤다. 조조는 곽가의 요청대로 급한 마음을 잠시 내려놓고 여유로움으로 사태를 지켜 봄으로써 힘을 안 들이고 목적을 달성한 것이다.

우리의 삶은 중년의 나이에도 성장통을 겪는다. 가정과 자녀 문제, 직장에서의 업무 실적 저조에 따른 심리적 불안감, 수시로 느껴지는 신체적 이상 징후들, 팬데믹 이후 더욱 불거진 미래에 대한 불확실성, 장기적인 스트레스에 따른 의욕 상실과 무기력…. 어느 것 하나 청춘앓이와는 또 다른 중압감으로 다가온다. 어떻게 이를 헤쳐 나가야만 원하는 삶을 이룰 것인가.

무엇보다 몸과 마음이 보내는 신호를 잘 파악하여야 한다. 몸과 마음은 내가 세상에 존재하는 원천이다. 이러한 원천을 균형감 있게 다스리지 못하면 청춘앓이는 끊임없이 반복될 수밖에 없다. 아무리 급해도 바늘허리에 실을 매어 쓸 수는 없는 일이듯 나만의 시간을 가지고 잠시 숨 고르기를 할 필요가 있다.

'인생 백세'가 대세인 시대이다. 이제 반환점의 앞뒤를 달리고 있다면 꿈을 이루기 위한 전성기는 아직 저 앞에 있는 것이다. 그러므로 이제부터 시작인 것이다. 급하다는 생각을 버리고 하루하루 꾸준함과 성실함을 실천에 옮기자. 이것이 몸에 밸 때 그 어떤 난관도 이겨내고 풍요롭고 자유로운, 그리하여 행복한 삶을 맞이할 수 있을 것이다.

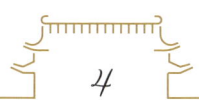

창의적 도전 정신으로 무장하라

"내 듣자하니 승상께서 너를 야박하게 대접하지 않았다던데 너는 어째서 화를 자초했느냐?"
"제비나 참새 따위가 어찌 기러기와 고니의 뜻을 알겠느냐? 너는 나를 잡았으니 어서 끌고 가서 상이나 받으면 될 일이지 무엇 하러 쓸데없이 이것저것 캐묻느냐?"
- 중모현령 진궁이 도망가던 조조를 잡아놓고 나눈 대화

후한 말, 동탁의 공포 정치가 극에 이르자 조조가 용감하게 나서서 동탁을 죽이려고 하였다. 사도 왕윤이 이를 알고 조조에게 대대로 내려오는 가보인 '칠보단도'를 주었다. 동탁이 잠을 자고 있을 때 그에게 다가가 단도로 찔러 죽이라고

하였다. 조조가 동탁을 만나 죽이려고 했지만, 거울로 조조의 모습을 본 동탁에게 들켜 실패하고 말았다. 조조는 임기응변으로 동탁에게 칠보단도를 바치고 여포가 가져온 말을 타고 줄행랑을 쳤다. 이러한 사실을 안 동탁은 즉각 수배령을 내리고 조조를 잡는 자에게는 황금 천 냥과 만호후(萬戶侯)에 봉하겠다고 하였다.

조조가 한참을 달려 중모현에 이르렀을 때 진궁에게 붙잡혔다. 현령인 진궁이 조조의 죄를 캐묻자 조조는 "너 같은 평범한 사람이 어찌 나와 같은 영웅이 품은 큰 뜻을 알겠느냐?"라고 되받아쳤다. 진궁도 난세에 뜻이 큰 사람이었다. 진궁은 조조가 일반 관료와는 다르다는 것을 알았다.

"나는 조상 대대로 한나라의 녹을 먹어 왔으니 만일 나라에 보답할 생각을 않는다면 짐승과 무엇이 다르겠는가. 내가 몸을 굽혀 동탁을 모신 것은 기회를 보아 그 자를 죽여 나라의 해악을 없애려던 것뿐이다. 이제 일이 실패하여 이렇게 잡혔으니 이 또한 하늘의 뜻이다."

조조의 말을 들은 진궁은 자신이 모시고 싶은 주군이 바로 앞에 있는 조조임을 알았다. 진궁은 조조에게 '참으로 천하의 충의로운 영웅'이라며 직접 묶은 밧줄을 풀어 주며 말하였다.

"나는 지금 당신의 충의에 감복하여 벼슬을 버리고 당신을 따라 도망칠까 합니다."

급변하는 시대에는 세상을 새롭게 이끄는 최초의 것이라 관심을 모아도 그 관심과 새로움은 불과 2~3년을 가지 못한다. 초고속으로 연결된 세상은 그 속도를 유지하는 데 필요한 '최초'라는 이름이 계속 필요하기 때문이다. 이처럼 빠르게 변화하는 시대에는 창의적인 사고력과 아이디어가 그 어느 때보다 가치가 높다. 하지만 더욱 중요한 가치는 창의적 아이디어를 펼칠 수 있는 도전 정신이다. 창의적 사고력을 갖춘 도전 정신은 현대를 살고 있는 사람들에게 필수 조건이기도 하다.

진궁은 작은 지역을 다스리는 현령이었지만 가슴 속 포부는 천하를 다스리고도 남았다. 다만, 자기 뜻을 함께 펼칠 주인을 만나지 못해 때를 기다리던 중이었다. 그런데 조조를 만나게 되자 진궁은 날개를 단 것처럼 기뻤다. 조조야말로 자신의 뜻을 함께 펼칠 수 있는 사람이라고 판단했기 때문이다.

진궁이 조조를 따른 것은 조조의 도전 정신에 감명을 받았기 때문이다. 비록 동탁을 죽이는 데는 실패했지만, 그 누구도 엄두를 내지 못하는 일에 용감하게 도전하였다. 우리는 누구나 꼭 필요한 일이라고 생각하지만 그것을 이루기까지는 많은 어려움이 따르는 것을 알기에 먼저 나서서 추진하는 사람이 드물다. 그런데 조조는 자신의 목숨을 두려워하지 않고 용감하게 도전한 것이다.

누구나 성공을 위한 새로운 도전을 생각한다. 하지만 도전은 두려움이 따르고 실패하면 좌절감 또한 크기에 선뜻 나서지 않게 된다. 장수가 모든 전투에서 이길 수는 없는 법이다. 설사 패배하더라도 전투는 계속된다. 패배는 전쟁에서 언제든지 발생할 수 있기 때문이다. 인생도 이와 마찬가지이다. 실패 없는 성공 신화는 존재하지 않는다. 따라서 실패를 두려워하지 말고 오히려 이를 성공으로 오르는 계단으로 삼아야 한다. 중년의 시기야말로 '실패는 성공의 어머니'라는 격언을 잊지 말아야 할 때인 것이다. 칠전팔기의 도전 정신은 그 어떤 난관도 돌파하는 천하무적의 힘인 것이다.

> "당신은 치세에는 능신이요, 난세에는 간웅이 될 상입니다."
>
> - 허소가 조조를 평가한 말

조조는 이 말을 듣고 크게 웃으며 좋아하였다. 어째서일까? 조조는 난세의 문제점을 알고 이를 혁신하려는 문제의식이 투철하였기 때문이다. 창의적인 생각과 도전 정신이 빛을 발휘하려면 문제의식이 투철해야 한다. 여기서 문제의식이란, 각자 삶의 목적을 달성하는 과정에서 발생하는 문제점을 해결하기 위한 예리한 통찰력을 말한다. 우리는 일상적으로 어떠한 사안에 대하여 문제의식을 가지고 살펴보기보다 일반적인 의견에 따르거나 일상적인 일에는 의심하지 않는다. 오히려 당연한 일로 받아들이고 급기야는 문제의식 자체를 갖지 않는다. 반복적인 일상성이 문제의식을 흐리게 만드는 것이다.

중년의 나이는 주체적인 삶을 설계하고 이를 완성하기 위하여 노력해야 하는 시기이다. 주체적 자아는 일상생활에 가려진 문제점을 파악할 때 확립되며 문제의식에 대처하는 창의적인 생각도 이때 생겨난다. 투철한 도전 정신으로 무장한 사람이 될 때 세상을 보는 눈은 확장되고 삶의 목적 달성을 위한 시간 역시 절약할 수 있다.

조조는 권문세가들이 400년 동안 밖으로는 유교적 생활을 강조하고 안으로는 위선과 부패로 권력을 휘둘러 온 자들을 없애려고 마음먹었다. 이러한 투철한 문제의식이 있었기에 '난세의 간웅'이라는 말에도 기뻐하였다. 중국의 백가강단에서 삼국지 강의로 명성을 떨친 이중텐(易中天) 교수는 문제의식이 투철한 조조를 다음과 같이 평가하였다.

'조조의 시대는 승냥이와 이리가 길을 막아섰고 여우와 살쾡이가 창궐했다. 조조는 지방관이 되었을 때 재빠르게 질서를 바로잡고 법률을 엄정하게 적용하며 맹렬하고 신속하게 움직이겠다는 중대 결심을 했다. 그가 탐관오리를 파면시키고 불법을 엄하게 다스리자 사악한 세력들은 조조라는 말만 꺼내도 무서워 벌벌 떨었고 심지어 줄행랑을 놓는 사람마저 있었다. 그 결과, 정치와 교화가 크게 행해져 군(郡) 전체가 태평하였다.'

우리는 숨가쁜 삶의 한가운데 있다. 이처럼 급변하는 난세를 이겨내기 위해서는 자신만의 문제의식을 가지고 있어야 한다. 또한 창의적 도전 정신으로 이러한 문제의식을 해결하기 위해 노력하여야 한다. 이때 문제 해결에 도움이 되는 힐링과 사색은 필요하지만 태평하게 게으름을 피울 시간은 없다. 삶은 순간마다 절실하게 다가오는 법이고 이를 깨닫는 자만이 훌륭한 삶을 살 수 있기 때문이다. 이런 점에서 중국 전국 시대의 사상가인 슌자의 말은 많은 힘이 된다.

길이 아무리 가까워도 가지 않으면 이르지 못한다.
일이 아무리 작은 것이라도 행하지 않으면 이루어지지 않는다.
생활에 절실함이 없는 사람은 남보다 뛰어날 수 없다.

-「수신」편

우리의 삶은 오직 한 번뿐이고 지금 이 순간은 인생에 있어 가장 소중한 시간이다. 나의 창의적 도전 정신이 나와 가족, 이웃과 사회 더 나아가 국가와 세계에 자그마한 도움이 된다면 더욱 의미 있는 삶을 살고 있는 것이다.

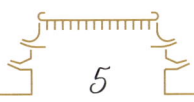

난세에도 꿈을 키워라

"자네들이 공부하는 것을 보니 장차 벼슬에 나가면 자사나 태수 정도는 할 수 있겠네."
"그러는 자네는 뭐가 될 것 같은가?"
"나? 글쎄, 하하하!"
— 제갈량이 융중에서 공부하며 친구들과 나눈 말

 제갈량은 어려서 아버지를 여의고 숙부에게서 자랐다. 숙부가 죽은 후에는 유표가 다스리는 형주의 융중으로 와서 농사를 지으며 공부에 전념하였다. 당시 형주는 전란을 피해 온 문인들이 많았다. 제갈량은 이들과 활발히 교류하며 깊이 있는 공부를 하였다. 제갈량은 스스로를 제나라의 재상 관중과

연나라의 장수 악의에 비교하였다. 주변 사람들이 이 말을 비웃어도 늘 자신 있게 말하였다. 오직 제갈량의 친한 벗인 최주평과 서서만이 그 말을 믿었다.

제갈량이 스무 살이 될 무렵 석광원, 서원직, 맹공위와 함께 공부하였다. 세 사람은 언제나 경서(經書)의 한 글자 한 구절을 정독하고 해석하는 데 열중했지만, 제갈량은 글의 큰 의미만을 살펴보았다. 그러고는 매일 아침, 저녁으로 조용히 무릎을 끌어안은 채 길게 휘파람을 불었다. 어느 날 제갈량이 벗들의 공부법을 보고는 자사와 태수급이라고 이야기하자 그들이 발끈하였고 제갈량은 웃기만 하고 대답하지 않았다. 훗날 세 사람은 현재의 군수나 시장 정도의 관리가 되었고 제갈량은 촉한의 승상이 되었다. 제갈량의 판단이 정확하였던 것이다.

제갈량의 공부 방법은 책에서 주장하는 중요한 핵심을 마음으로 깨우치는 것이다. 외워서 말하는 것이 아니라 몸소 체험으로 깨우치는 것이다. 제갈량의 이러한 공부법을 '관기대략(觀其大略)'이라고 한다. 제갈량의 청년 시절은 가난하였다.

그런데도 자신의 포부를 실현하기 위하여 낮에는 농사를 짓고 밤에는 공부하는 것을 게을리하지 않았다. 제갈량의 '큰 의미만을 파악하는' 공부는 한 마디로 통찰력을 키우는 공부라고 할 수 있다.

통찰력은 예리한 관찰력으로 사물의 핵심을 꿰뚫어 보는 것이다. 이는 위기의 시대일수록 더욱 커다란 능력을 발휘한다. 제갈량의 통찰력 공부는 크게 두 가지로 나눌 수 있다.

첫째, '자기 통찰'이다. 자기 통찰은 자신의 진정한 내면을 보아야 하는 괴롭고 힘든 과정이다. 제갈량은 먼저 선입견을 버렸다. 냉철하게 자신의 내면을 들여다보았다. 지금 자신이 어떤 능력이 있으며 다른 사람들이 자신을 어떻게 생각하고 있는지를 알아내었다. 이를 바탕으로 주변의 사람들과 어떻게 사귀고 무엇을 배워야 하는지를 생각하였다. 그 결과, 관중과 악의의 삶을 목표로 삼고 매진하였다.

이처럼 자기 통찰은 '나는 어떤 삶을 살 것인가'를 결정하는 데 꼭 필요한 것이다. 나에 대한 장단점을 알고 장점을 잘 키워 삶의 목적을 달성하는 데 지렛대로 삼아야 하기 때문이다.

이러한 통찰이 없으면 '나는 누구인가'에 대한 답을 얻을 수 없다. 그저 보는 대로, 듣는 대로, 남이 하는 대로 행동하게 된다. 동물적인 본능에만 이끌려 인간의 궁극적인 목표인 '행복한 삶'을 찾을 수 없는 것이다. 이런 이유로 우리는 스스로를 통찰하는 습관을 길러야만 한다.

둘째, '시대 통찰'이다. 제갈량은 책을 읽는 시간에만 공부한 것이 아니다. 그의 공부는 농사를 지을 때도, 이름난 사람들과 교제할 때도 계속되었다. 책에서 얻은 핵심 사항을 주변 정세와 대비하여 정확성을 높이고 세상이 변화하는 흐름을 알아내어 이에 맞는 해법을 찾으려고 애썼다. 제갈량의 공부법은 일과 삶 속에 함께 녹아 있었다. 즉, 세상 속에서 배우고 생각하고 실천으로 옮기는 것이 제갈량이 추구한 공부법이었다. 이처럼 시대 통찰과 함께하는 공부법으로 제갈량은 당대 최고의 지성인이 되었고 격변의 시대를 멀리까지 꿰뚫어 보는 능력을 갖추게 된 것이다.

"조조는 백만 대군과 함께 황제를 등에 업고 제후에게 명령하고 있으니 그에 맞붙어 싸우는 것은 불가합니다. 손권은

3대째 강동을 다스리고 있는데, 지세가 험난하고 그곳의 백성들이 따르고 있으니 우리의 지원 세력은 되어도 차지하기는 힘듭니다. 형주 지역은 북으로 한수와 면수가 가로질러 흐르고 있기에 남쪽의 물산을 모두 차지할 수 있으며 동으로는 오군 회계와 가깝고 서로는 파촉과 통하니 반드시 이곳을 발판으로 삼아야 합니다. 정해진 주인이 아니면 지킬 수 없는 곳이니 이제 하늘이 장군께 주신 것과 같습니다."

— 제갈량이 삼고초려한 유비에게 한 말

자기 통찰과 시대 통찰 공부는 많은 경험 속에서 탄탄해진다. 여행은 가장 좋은 통찰력을 얻을 수 있는 직접적인 경험이다. 하지만 이는 시간과 노력이 필요하다. 독서는 간접 경험이기는 하지만 통찰력을 발휘하는 데 많은 도움을 준다. 다양한 독서를 통해 축적된 지혜가 세상을 보는 원동력이 되기 때문이다. 투자의 귀재인 워런 버핏도 '오늘의 나는 독서의 결과'라고 한 것을 기억할 필요가 있다.

제갈량은 죽음이 난무하는 격변의 시대를 살았다. 부모와 숙부도 여의고 외롭고 힘든 시절을 보내야만 하였다. 하지만 자신이 간직한 꿈을 포기하지 않았다. 불안한 세상과 고독한 삶이 자신을 힘들게 하여도 오직 공부에만 힘썼다. 제갈량은 힘들 때마다 맹자의 말씀을 떠올렸다.

"하늘이 그 사람에게 큰일을 맡기려고 할 때면 반드시 그 사람의 정신을 힘들게 만든다. 그다음으로 육신을 힘들게 하여 모든 힘을 소진하게 한다. 또한 모든 것을 잃게 만들고 이루고자 한 일도 헛된 노력이 되게 한다. 이는 그 사람의 마음을 한층 부추겨 불굴의 인내심을 가지게 하기 위함이다. 사람은 잘못을 해 보아야 이를 바로잡을 수 있고 고통을 느껴 보아야만 더욱 분발하게 된다. 괴롭고 힘든 표정이 나타나고 고통에 겨운 소리가 입으로 나와야만 진실로 잘못을 깨우치게 된다."

제갈량은 항상 이 말을 곱씹으며 10대의 아픔과 고통을 이겨냈다. 그리고 10년이 지난 후 천하를 경영할 수 있는 실력을 갖추고 유비의 초빙을 받은 것이다. 남들과는 다른 자신만의 꿈을 이루기 위해 포기하지 않고 노력한 결과이다.

백세 시대의 중년이란, 제갈량이 유비의 부름을 받은 때와 같다고 할 수 있다. 따라서 우리라고 못할 이유가 없다. 꿈을 포기하지 말자. 나와 주변의 어려움을 탓하지 말고 그것에서 슬기로운 지혜를 배울 수 있도록 힘쓰자. 꿈을 계속 간직하고 있으면 반드시 실현할 때가 온다. 꿈은 꾸기 위해 있는 것이 아니라 이루기 위해 있는 것이기 때문이다.

 평생교육 시대를 맞이하여 나의 꿈을 이루는 데 필요한 공부 계획을 세워 보세요.

가족은 최고의 비타민이다

"조상은 돌아가신 황제께서 어린 황제를 잘 돌보아달라고 부탁하신 은혜를 저버리고 간악한 짓으로 나라를 어지럽히고 있으니 그 죄를 물어 파면시켜야 마땅합니다."
"천자가 밖에 계시니 어찌 그럴 수 있겠소?"
"신이 천자께 표를 올려 간신들을 죽일 계책이 있으니 태후께서는 걱정하지 마소서."
- 사마의가 곽태후에게 조상을 파면시킬 것을 요청하는 말

239년, 조조의 손자인 명제(조예)가 죽음을 앞두고 사마의와 조상에게 태자 조방을 잘 보필해 줄 것을 부탁하였다. 조상은 사마의를 태부로 승진시키고 자신은 대장군이 되어 병

권을 장악하였다. 조상이 권력을 장악하고 전권을 휘두르자 사마의는 병을 핑계로 나가지 않았다. 조상이 자신을 경계하고 있다는 사실을 알고 병이 깊어 오래 살지 못할 것처럼 꾸몄다. 조상은 사마의의 연기에 속아 경계심을 풀고 편안한 마음으로 황제와 함께 사냥을 나갔다. 꾀병으로 몸을 사리던 사마의는 때가 왔음을 알고 즉시 군사를 동원하여 성문을 닫아 걸었다. 그러고는 태후를 만나 조상을 파면하도록 청하였다.

금방 죽을 줄 알았던 사마의가 반란을 일으키자 모두 어리둥절하였다. 사태는 급박하게 돌아가고 모두가 어떻게 움직여야 할지 몰라 우왕좌왕하였다. 신창은 대장군 조상의 참군(參軍)이었다. 그도 사마의가 성문을 닫고 조상을 죽이려고 할 때 병사를 이끌고 조상에게 가야 하는지 아니면 말아야 하는지 고민이 되었다. 이에 누나인 신헌영에게 물었다.

"이번에 사마의가 일어난 것은 조장군을 베어서 경계하려는 것이다."
"그렇다면 제가 성 밖으로 나가지 않는 것이 좋을까요?"
"직분을 다해야 하는 것은 사람으로서 지켜야 할 대의이다.

낯 모르는 사람도 어려움을 당하면 구해 줘야 하는데, 그 일을 담당하고 있으면서 해야 할 일을 하지 않는다면 그보다 나쁜 일은 없다."

- 사마의가 반란을 일으키자 조상의 부하 신창이 누나와 나눈 말

신헌영은 총명하여 일이 돌아가는 이치에 밝았다. 그뿐 아니라 결과도 예측하는 재주가 있었다. 그녀는 동생의 말을 듣고 일의 상황을 간파하였다. 그리고 맡은 바 직무에 충실하면 주변의 신망을 잃지 않을 것이라고 하였다. 신창이 누나의 말을 따른 결과, 의리를 지키는 참모로 인정받았다.

"신창은 성문을 깨고 조상에게 갔습니다. 그러므로 이 자역시 죽여야 합니다."
"신창은 주인을 위하여 자신의 임무를 충실히 한 것이니 의로운 사람이오. 즉시 옛 직책에 복직시키도록 하시오."

- 사마의 부하들이 신창도 죽이라고 하자 사마의가 대답한 말

신창이 누나의 의견을 묻지 않았다면 어떻게 되었을까? 아마도 조상에게 승산이 없으리라 생각하고 성문을 나가지 않았을 것이다. 참군이라는 직위는 장군이 있는 막부에서 기존의 조직으로는 감당할 수 없는 일이지만, 군사적으로 시급하게 처리해야 하는 일들을 맡고 있는 자리이다. 따라서 장군부에서는 중요한 요직인 것이다. 이러한 참모가 위급 상황에서 대장을 따르지 않았다고 하면 설령 자신의 목숨을 건졌다고 하더라도 의롭지 못한 부하라고 두고두고 질타를 받았을 것이다. 신창은 자신의 일생일대의 위기에 부닥쳤지만, 현명한 누나의 조언으로 이를 잘 이겨낼 수 있었다.

우리는 기쁜 일이나 슬픈 일이 발생하면 가장 먼저 가족을 떠올린다. 가족은 우리의 삶에 있어 가장 중요하고 소중한 존재이기 때문이다. 기쁜 일은 축하와 함께 더욱 발전하도록 힘을 모아 주고 슬픈 일은 위로와 함께 다시 일어설 수 있도록 격려의 응원을 보내 준다. 언제나 변함없이 끝없는 에너지를 불어넣어 주는 존재가 바로 '가족'이다. 가족은 세상 어디에서도 구할 수 없는 비타민과 같다. 가족만이 줄 수 있는 비타민은 불가능하다고 여긴 것을 가능하게 만든다. 이것이

바로 가족의 힘이다.

　가족의 힘은 우리가 인생에 있어서 가장 큰 위기를 맞이했을 때 더욱 빛난다. 서로에게 끝없는 사랑과 희망의 등불을 밝혀 주는 것이다. 이러한 가족의 힘은 서로의 성장을 돕는 비타민인 동시에 함께 발전하는 에너지가 되는 것이다. 그러므로 가족과의 소통은 자신의 삶을 더욱 정의롭게 발전시킬 수 있는 것이다. 이와 반대로 가족과의 소통이 없고 독단적인 판단만 한다면 자신은 물론 가족까지 파멸에 이르게 된다.

　"내가 듣자하니 국경의 상황이 매우 위급하다고 하던데, 장군은 조금도 걱정하는 빛이 없으니 어쩐 일이오?"
　"국가의 대사는 강유가 알아서 할 터인데, 나 같은 사람이 무슨 상관이오?"
　"그렇더라도 장군이 지키는 성마저 중시하지 않으면 안 됩니다."
　"천자가 주색에 빠져 지내니 화가 멀지 않았소. 만일 위군이 쳐들어온다면 항복하는 것이 상책이오. 걱정할 필요가 뭐 있소?"

"당신은 사내가 되어 불충불의한 마음부터 품으면서 뻔뻔스럽게 국가의 작록을 받았다는 말이오? 내가 무슨 면목으로 당신 같은 더러운 인간을 다시 보겠소."

- 강유관을 지키는 마막과 그의 부인 대화

촉군이 검문관을 지키고 있자 위군은 촉의 수도인 성도로 진격할 수 없었다. 그러자 등애가 5,000명의 결사대를 이끌고 700리 숲을 헤치고 깎아지른 절벽을 넘어 촉군이 많지 않은 강유관을 공격하였다. 강유관을 지키는 촉군의 장수는 마막이었다. 그는 강유관이 워낙 험한 지형이라 위군이 쳐들어올 수 없다고 믿었다. 설령 위군이 쳐들어온다면 곧장 항복할 생각이었다. 이러한 장수였으니 방비를 잘할 턱이 없다.

마침내 마막은 위나라의 등애군이 쳐들어오자 아내의 말을 듣지 않고 곧바로 항복하였다. 이 모습을 본 아내는 너무도 부끄러워 스스로 목을 매어 자결하였다. 등애는 의로운 부인으로 여겨 정중하게 장례를 치러 주었다. 마막은 충분히 지킬 수 있는 요충지를 선뜻 내어 주는 것도 모자라 자신의 조국인 촉한을 정벌하려는 자의 길잡이가 되었다. 아내의 말을 듣지 않고 가족과 국가를 파멸로 이끌었으니 어찌 만고의 역적으로 호되게 욕먹지 않겠는가!

맹자는 "자기 스스로를 해치는 자와는 더불어 말할 수 없고 자기 스스로를 포기하는 자와는 함께 일할 수 없다."라고 하였다. 마막이 총명하고 사리에 밝은 아내의 말을 따랐다면 가족도 지키고 역적이 되지도 않았을 것이다. 가족이 분열되면 일어설 수 없다. 가족은 사랑으로 소통할 때 진정한 힘을 발휘하며 실패와 절망도 이겨내는 기적 같은 능력이 일어나는 것이다. 이처럼 가족은 세상 어디에도 없는 굳건한 동지이자 가치 창출의 보물 창고인 것이다.

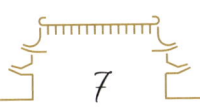

어둠 속에도 빛은 있다

"적로야, 적로야! 내 어찌 비육지탄만 하다가 이렇게 죽는단 말이냐. 적로야 날아라, 힘차게 날아서 나와 함께 가야 할 곳이 있지 아니하더냐?"

유비의 채찍에 훌쩍 날아오른 적로는 단계를 헤엄쳐 나갔다. 하지만 아무리 힘센 적로라 해도 급물살을 오래 버틸 수는 없었다. 그 순간, 적로의 발굽이 너럭바위에 닿았다. 적로는 다리에 힘을 모으고 용수철처럼 뛰어올랐다. 적로가 연이어 가르는 물살은 포말이 되어 구름처럼 허공으로 흩어지고 그 사이로 적로가 날아가고 있었다. 유비는 단계의 건너편에 닿아서도 꿈인 듯이 몽롱하였다.

"적로야, 진정 네가 날 살렸구나. 진정 네가 날았구나!"

- 유비가 유표의 부하 채모의 계략에 빠졌다가
 적로를 타고 달아나는 장면

조조는 관도대전에서 원소를 격파하고 유비가 주둔한 여남성을 공략하였다. 조조군에게 참패한 유비는 형주의 유표에게 급히 몸을 의탁하였다. 유표는 같은 황손인 유비를 맞이하여 융숭하게 대접하였다. 유비도 유표의 일을 도와주며 호형호제하였다. 유표의 참모 중에 '채모'라는 이가 있었는데, 그의 누이는 유표의 후처였다. 누이 덕분에 유표의 최측근이 된 채모는 유비를 별로 좋아하지 않았다. 유표가 중립주의를 표방하며 형주를 지켜온 터에 야심만만한 유비 일행이 무슨 욕심을 드러낼지 알 수 없었기 때문이다. 유표도 겉으로는 유비를 환대했지만 속으로는 불안하였다. 그러던 어느 날 유비는 유표와의 술좌석에서 천하 경영의 야심을 늘어놓았다.

"제가 전에는 말 안장에서 떠날 겨를이 없어 허벅지에 군살이 다 빠졌었는데, 이제 오랫동안 말을 타지 않았더니 허벅지에 군살이 생겼나이다. 세월은 헛되이 흘러가고 나도 늙어가는데 아무런 공적도 세우지 못해 슬플 뿐입니다."

"내가 듣자하니 전에 허창에서 조조와 천하 영웅에 대해 논할 때 조조와 아우만이 영웅이라 했다던데 무엇을 걱정하오?"

"저에게 만일 의지할 터전이 생긴다면 천하의 호락호락한 무리쯤이야 어찌 마음에 두기나 하겠습니까?"

- 유비와 유표가 술좌석에서 한 말

유비가 술에 취해 자신의 속마음을 털어놓는 실수를 하자 이때부터 둘의 관계는 냉랭한 사이가 되었다. 채모는 유비를 처치하기 위해 여러모로 궁리를 하던 중 마침내 한 가지 꾀를 내었다. 유표가 건강이 좋지 않은 것을 이유로 각 고을의 목민관을 격려하는 자리에 유비를 불러 이를 주관하게 한 후 연회장에서 틈을 보아 처단하는 것이었다.

채모의 계획은 잘 되어가는 듯하였다. 그런데 이적이 채모의 음모를 미리 알려 주어 유비는 위기의 순간에 허겁지겁 말을 타고 줄행랑을 쳤다. 동쪽, 남쪽, 북쪽은 이미 채모가 매복시킨 군사가 지키고 있어 서쪽으로 달렸다. 그러나 서쪽은 '단계(檀溪)'라는 계곡이 가로막았다. 그야말로 진퇴양난이었다. 유비는 죽기 살기로 자신이 탄 말에 채찍을 때리며 빌었다. 그리고 마침내 계곡을 무사히 건넜다.

　유비가 죽음의 위기에서 목숨을 건질 수 있었던 것은 포기하지 않는 불굴의 정신 때문이었다. 우리는 유비의 이 사건을 통해 어떠한 시련이 다가와도 포기하지 않고 마음을 다하면 마침내 길이 보인다는 것을 배울 수 있다. 우리의 인생은 즐겁고 행복한 일만 있지 않다. 힘들고 어렵고 포기하고 싶은 일들이 더 많다. 하지만 우리는 포기하지 않는다. 힘들고 어려운 시간을 이겨낼 때 한 발 더 성공으로 다가서고 행복의 가치도 더욱 크게 누릴 수 있기 때문이다.

　우리는 일상생활에서 몸이 피곤하면 잠을 자거나 휴식을 취한다. 그러면 몸이 다시 힘을 얻어 활기찬 일상생활을 할 수 있다. 우리 몸이 가지고 있는 '회복 탄력성' 때문이다. 회복 탄력성은 젊을수록 빠르다. 규칙적인 운동으로 건강을 유지하는 것도 바로 이러한 회복 탄력성을 높이기 위한 것이다. 회복 탄력성 중에서 가장 중요한 것은 '마음의 근력을 키우는 것'이다. 자신에게 다가온 역경과 어려움을 이겨낼 때마다 이전에는 없던 강한 힘이 생긴다. 이러한 힘들이 쌓이면 그 어떤 시련이 닥쳐도 포기하지 않고 극복할 수 있다. 마음의 근력을 키우는 일은 시련을 이겨낸 자만이 가질 수 있는 회복 탄력성이다. '젊을 때 고생은 사서도 한다.'라는 속담도 일찍 시련을 이겨낸 사람이 이후의 인생을 보다 잘 살 수 있다는 의미이다.

시련을 극복하기 위해서는 강인한 정신력이 뒷받침되어야 한다. 하지만 이것만으로 위기를 이겨내는 것은 쉽지 않다. 나의 시련과 위기를 이해하고 도와줄 사람이 필요하다. 이를 위해 평소 인간관계를 잘 유지할 필요가 있다. 상대방의 이야기를 경청하고 남을 불평하는 뒷담화를 하지 않으며 자주 감사한 마음을 표현하기만 하여도 원만한 인간관계를 이어 나갈 수 있다. 상대방이 좋아하는 일에 관심을 가지고 그 일을 도와준다면 관계는 더욱 좋아질 수밖에 없다.

"내 이제 특별히 공을 위기로부터 구해 줄 터이니 훗날 뜻을 이루면 잊지 말아야 하오."
"여기서 원문까지는 150걸음쯤 떨어져 있소. 내가 이 화살 한 대를 쏘아 화극의 작은 날을 맞히면 싸움을 그만

두고 만일 못 맞히면 그때는 싸워도 좋소."
  – 여포가 원술과 유비의 싸움을 말리기 위해 제안한 말

  원술이 유비를 공격하자 유비가 여포에게 급하게 구원을 요청하였다. 여포는 원술과 군사를 움직이지 않기로 약속하였지만, 유비가 패하면 다음은 자신이 공격받을 것을 알고 유비를 도와주기로 하였다. 여포가 원술과 약속하였는데도 이러한 생각을 하게 된 것은 자신이 어려울 때 유비에게서 서주성을 물려받은 은혜가 있기 때문이다. 유비도 여포에게 이러한 도움을 주었기에 위급한 상황에서 도움을 요청한 것이다.

  '사람 중에는 여포요, 말 중에는 적토마'라는 말처럼 여포는 유비 삼형제가 함께 상대해야 할 정도로 무예가 뛰어난 장수이다. 또한 그의 활솜씨는 천하 명궁이었다. 여포는 화살 한 대로 정확하게 화극의 작은 날을 맞혔다. 그러자 유비는 안도의 한숨을 쉬었다. 여포는 자신의 장기인 활 솜씨를 이용해 유비를 위험에서 구해 준 것이다.

  '전심치지(專心致志)'라는 고사성어가 있다. 마음을 한곳에

모아 그곳에만 정신을 집중한다는 뜻이다. 어려울 때일수록 이를 이겨내기 위해서는 모든 정신을 그곳에 집중해야 한다. 유비가 적로를 타고 단계를 넘기 위해서는 인간과 말이 하나가 되어 단계를 뛰어넘는 일에만 집중해야 한다. 여포가 150걸음 앞에 있는 창끝을 한 대의 화살로 쏘아 맞히기 위해서는 엄청난 정신 집중이 필요하다. 그 결과, 유비는 스스로 포기하지 않는 힘과 평소의 인간관계를 통하여 위태로운 목숨을 구해내고 촉한의 황제에 올랐다. '정신을 한곳에 모으면 이루지 못할 일이 없다(精神一到何事不成).'라는 말 그대로인 것이다.

　시련은 실패가 아니다. 성공에 이르는 길에 거쳐야 할 과징일 뿐이다. 힘들어도 포기하지 말고 길을 찾자. 그러면 반드시 빛나는 길이 보인다.

모든 주인공은 난세를 이겨냈다

"어려워도 지금이 천하를 얻을 수 있는 절호의 기회입니다. 공께서는 방어선을 지키면서 중요 길목을 장악하고 적들이 들어오지 못하게 하십시오. 적들이 진격할 수 없다는 생각이 들거나 열세에 빠졌다고 느끼면 반드시 안에서 변고가 생길 것입니다. 그때가 기병(奇兵)을 쓸 좋은 때이니 절대로 놓쳐서는 안 됩니다. 잘 살펴서 실행하소서."

- 관도대전에서 순욱이 조조에게 한 말

조조와 원소는 천하를 놓고 관도에서 물러설 수 없는 한판 대결을 벌이게 된다. 삼국지 3대 전투의 첫 번째인 '관도대전'이다. 원소는 10만 명의 군사를 동원하였는데 조조의 군사는 불과 1만 명뿐이었다. 수적으로 우세한 원소는 초반부터 맹렬한 공격을 퍼부었다. 조조는 참호를 파고 대항하였지만, 시간이 지날수록 불리해졌다. 군사와 무기는 물론 군량미가 절대적으로 부족하였다.

  조조는 모든 것을 포기하고 자신의 근거지인 허도로 후퇴하려고 하였다. 참모인 순욱에게 편지를 보냈는데 순욱의 답장은 관도를 '절대 사수'하라는 것이었다. 전투가 장기전으로 바뀌고 적들이 진격하기가 어렵다는 생각이 들 때면 반드시 내부적으로 문제가 생길 것이니 그때를 놓치지 말고 공격하면 승리할 수 있다는 것이다. 조조는 순욱의 말을 듣고 병사들을 다독이며 기회를 엿보았다. 그때 원소의 참모인 허유가 조조에게 투항하여 오소에 원소의 군량미가 있다고 알려 주었다. 조조가 오소를 급습하여 원소의 군량미를 모두 불태워버리자 원소 군은 순식간에 무너지고 조조는 대승을 거두었다.

  조조는 적은 수의 병사로 원소의 대군과 싸워야 했기에 불리한 것을 알고 있었다. 하지만 자신이 천하를 차지하기 위해서는 원소를 물리쳐야 했기에 피할 수 없는 전투라는 것도 알고 있었다. 조조와 원소는 어렸을 때부터 친하게 지낸 사이이다. 따라서 조조는 원소의 성격을 잘 알고 있었다. 교만하고 고집스러워 남의 말을 듣지 않는 데다 성격이 우유부단하여 결단도 못 내린다는 것을 말이다. 이런 까닭에 원소가 10만 명의 대군을 이끌고 쳐들어와도 무섭지 않았다.

난세의 영웅들은 어려운 환경 속에서도 자신이 이루고자 하는 목표를 달성하기 위하여 끊임없이 노력한다. 때로는 시간이 필요하고 구불구불한 길로 돌아가야만 하고 풍족한 생활도 못하고 함께하는 사람조차 적더라도 오직 하나의 목표를 잊지 않고 자신을 채찍질한 자들이다.

우리는 '위기가 기회'라는 말을 많이 듣는다. 어떻게 위기가 기회가 될 수 있는가. 먼저 위기를 두려움과 불안함으로 여기지 않고 변화해야 하는 때로 인식하는 것이 필요하다. 즉, 위기 상황을 어떻게 받아들여 변화를 꾀할 것인지를 생각해야 하는 것이다. 이를 위해서는 위기 상황에 대한 부정적인 생각보다는 한 걸음 물러나 긍정적인 변화를 찾는 것이 좋다. 이때는 무엇보다 객관적인 생각과 평가가 요구되는데, 내가 할 수 있는 방법과 해결책을 찾아 작은 변화를 시도한다면 새로운 기회를 맞이할 수 있다.

"이 시대의 영웅은 누구라고 생각하시오?"
"회남의 원술이나 하북의 원소, 형주의 유표 등이 아닐까요?
"그런 이들이 어찌 영웅이겠소. 영웅이란 가슴에 큰 뜻을 품고 뱃속에 좋은 계책이 있으며 우주의 기미를 싸 감추고 천지의 뜻을 삼키거나 뱉는 사람이오."
"그런 사람이 누구입니까?"
"지금 천하의 영웅은 당신과 나 조조뿐이오."
- 조조가 유비를 불러 매실주를 마시며 나눈 대화

조조는 유비가 비범한 인물이라는 것을 알았다. 그래서 유비가 의지할 데가 없자 자신의 근거지인 허도로 데려왔다. 참모들이 유비를 죽여 후환을 없애라고 간청하였다. 하지만 조조는 황숙이라고 불리는 유비를 죽이면 자신의 정치적 입지가 약해질 것을 염려하여 죽이지 않았다. 그 대신 유비를 허도에서 편안하게 지내도록 해 주고 부하들을 시켜 감시하도록 하였다. 유비도 조조의 이러한 생각을 알고 있었기에 텃밭을 가꾸는 일에만 매달렸다.

 그러던 어느 날 조조가 유비를 불렀다. 유비는 두 아우도 없던 터라 매우 긴장하였다. 조조가 잘 익은 매실주나 한 잔 마시자고 불렀다고 하자 그제서야 긴장이 풀렸다. 술잔이 서너 잔 돌자 조조는 천하 영웅론을 펼치며 유비의 마음을 떠보았다. 유비는 자신의 야심을 감추기 위해 애썼다. 그러자 조조가 천하의 영웅은 '나와 당신뿐!'이라고 정곡을 찔렀다. 유비는 자기 생각이 들키자 소스라치게 놀라 들고 있던 젓가락을 떨어뜨렸다. 그때 마침 소낙비가 쏟아지며 천둥이 쳤다. 유비는 급히 젓가락을 주우며 마치 천둥소리에 놀라 떨어뜨린 것처럼 행동하여 위기를 모면하였다.

 유비는 조조와의 대화에서 위기를 느꼈다. 자신도 조조를 암살하라는 헌제의 밀지를 받은 터라 더더욱 숨이 막힐 지경에 이르렀다. 이에 원술을 공격하러 가겠다는 핑계를 대며 서둘러 조조의 손아귀에서 빠져나왔다. 그리고 외쳤다.

"나는 그동안 새장 속의 새였고 그물 속의 고기였다. 이번 출정은 바로 새가 하늘로 날아가고 고기가 바다로 들어가는 것이니 어찌 서두르지 않겠느냐."

– 조조에게서 빠져나온 유비가 한 말

유비는 조조와의 술자리에서 위기를 느끼자 재빠른 임기응변으로 상황을 모면하였다. 이어서 새로운 방법과 해결책을 찾아 기회를 만들고 이를 실행에 옮겨 조조에게서 벗어났다.

위기에서 발빠르게 벗어나 기회를 잡은 것은 손권도 마찬가지이다. 손권은 유비와 손을 잡고 조조에게 대항하는 촉오동맹을 맺었지만, 천하의 요충지인 형주를 포기할 수 없었기에 관우를 처치하고 형주를 차지하였다. 이에 화가 난 유비가 대군을 이끌고 장강을 내려와 손권을 총공격하였다. 손권은 앞에서는 촉의 유비, 뒤에서는 위의 조비와 싸워야만 하는 위기에 처했다. 손권은 국가적인 위기를 벗어나기 위하여 가장 먼저 위나라 조비에게 신하를 자청하였다. 그러자 조비는 손권을 오왕에 봉하였다. 위의 신하들이 오를 협공하여 함락시킬 기회라고 하였지만, 조비는 반대하였다.

> "손권이 이미 예를 다해 짐에게 항복하였다. 짐이 이제 손권을 공격한다면 천하의 항복하려는 마음을 막는 것이 되니 그의 항복을 받아들이는 것이 낫고 옳은 것이다."
> - 신하를 칭한 손권을 공격하라는 참모들의 말에 조비가 대답한 말

손권은 잠시 몸을 낮춰 후방의 협공을 피하고자 한 것인데 그의 발빠른 임기응변은 적중하였다. 그 결과, 위기를 벗어난 손권은 유비의 공격에만 집중할 수 있게 되었다. 그리하여 이릉 전투에서 유비를 격파하고 대승을 거둘 수 있었다.

2

시대는 언제나 준비된 자의 것이다

성장

成長

어떠한 아이콘이 될 것인가

"낱낱이 성명을 대조하여 첩자들을 가려낸 후 처단하소서."
"막강한 원소 앞에서 나도 자신을 보호할 수 없을 것 같았는데 다른 사람들이야 더 말할 나위가 있었겠느냐? 편지를 모두 태워버려라! 그리고 다시는 이 일을 거론하지 말라."
- 조조가 원소를 물리치고 신하들에게 한 말

조조는 관도대전에서 원소에게 승리하고 많은 물품을 빼앗았다. 금은보배와 비단은 군사들에게 상으로 나눠 주었다. 전리품에는 책과 문서들도 많았는데, 그 안에서 편지 한 묶음이 나왔다. 내용을 살펴보니 조조의 근거지인 허도와 조조의 진영에 있는 사람들이 몰래 원소에게 조조의 상황을 귀띔한 것들이었다. 그러자 조조의 참모들이 배신자들을 찾아내어 엄하게 처벌할 것을 요청하였다. 그 순간, 원소에게 편지를 보낸 자들은 가슴이 철렁 내려앉았고 얼굴은 불안에 휩싸였다. 그런데 조조는 편지의 필체를 조사하기는커녕 모두 불태워 없애버렸다. 더 나아가 다시는 거론하지 말라는 명령까지 내렸다.

조조의 이러한 결정은 원소에게 편지를 보낸 자들을 크게 깨우치는 계기가 되었고 이후부터는 조조에게 더욱 충성을 다하는 신하로 거듭났다. 수많은 인재가 조조의 이러한 통큰 리더십에 감명을 받아 조조를 따랐다. 조조가 편지를 불태운 행동은 일반적으로 생각하기 어려운 것이다. 일반적으로 생각할 수 없는 것을 하는 것! 이것이 바로 영웅 조조만의 방식인 것이다.

역사적인 영웅이나 위인들은 모두 그들의 이름에 걸맞은 아이콘을 가지고 있다. 삼국지의 주인공인 조조는 '난세의 간웅(奸雄)', 유비는 '어진 군주'의 대명사이다. 제갈량은 '지혜의 화신(化神)'이며 관우는 '충의의 무신(武神)'이다. 이러한 아이콘은 난세의 시대에 각각 의미 있는 삶을 살다간 그들에게 붙여 준 일종의 별칭인 것이다.

시대를 앞선 위인들에게서 보이는 공통적인 특징은 기존의 가치와 관행에 얽매이지 않는 창조적인 발상을 하였다는 점이다. 우리는 조조를 악인으로만 이해한다. 이는 소설이 만들어 낸 이야기일 뿐, 역사는 그렇지 않다. 역사서를 살펴보면 조조야말로 '시대를 뛰어넘는 영웅(超世之傑)'이라고 하였다. 무엇이 조조를 이토록 위대한 영웅으로 불리게 하였을까?

"오명을 뒤집어쓰거나, 사람들의 웃음거리가 되는 품행이 있거나, 혹 어질지 못하고 효도하지 않는 자라 하더라도 치국과 용병에 뛰어난 재주를 지닌 자가 있을 수 있다. 이런 자들은 아는 바대로 천거하여 빠지는 일이 없도록 하라."
- 조조가 인재를 구한다는 방문의 내용

삼국 시대는 400년간 국가를 이끌어온 유교의 폐해가 극에 달한 때였다. 권력층은 거짓과 위선으로 백성들을 속이면서도 백성들에게는 인의(仁義)와 충성(忠誠)을 강요하였다. 권력층의 횡포가 심해질수록 백성들의 생활은 더욱 힘들고 고통스러웠다. 그야말로 백성들은 희망이 없는 삶을 살아가고 있었다. 바로 이때 조조가 나타나 유교적인 사회와 삶을 한꺼번에 깨뜨리는 혁신적인 방법으로 인재를 모집하였다. 삶의 의욕을 잃었던 많은 사람이 조조의 인재 모집에 적극적으로 호응하였고 이에 조조는 많은 인재를 모을 수 있었다.

인재가 아무리 많아도 활용하지 않으면 의미가 없다. 조조는 품행이 좋지 않고 여러 사람에게 비웃음을 받더라도 한 가지의 재주가 있다면 그를 불러들여 적합한 자리를 주고 자신의 부하로 삼았다. 조조는 가문과 학식을 위주로 벼슬을 하던 시대에 그 틀을 깨고 각각의 능력에 맞는 관직을 주어 최대의 성과를 내도록 하였다. 이에 따라 공이 있는 자에게는 파격적인 상을 내리고 죄를 지은 자에게는 엄한 벌을 내렸다.

이처럼 조조는 능력 위주의 인재 등용과 상벌(賞罰) 위주의 법치주의를 시행하여 당시의 혼탁한 정치를 한꺼번에 바꿔버린 것이다. 조조의 이러한 발상이 시대를 발전시키고 그를 영웅의 자리에 올려놓은 것이니 그를 '혁신의 아이콘'이라고 하는 것도 바로 이런 이유에서다.

조조가 혁신적인 영웅이 될 수 있었던 이유는 무엇일까? 타인의 눈을 의식하지 않고 스스로 생각의 관점을 바꿨기 때문이다. 대표적인 예로 시대적 병폐의 원인과 이를 해결하고자 하는 자신만의 창조적 발상과 능력 위주의 인재 등용을 한 점을 들 수 있다. 조조는 이를 달성하기 위하여 매번 어려운 일에 부딪혀도 비관하지 않았다. 오히려 참모들의 의견을 받아들이는 긍정적인 자세를 가졌다.

조조는 환경과 시대의 변화에 민첩하게 반응할 수 있는 유연함을 갖추고 있었다. 이와 아울러 변화하는 상황들을 냉정하게 파악하고 적재적소에 변화무쌍한 전략을 사용하였다. 이를 통해 손해는 최소화하고 이득은 극대화시켰다.

우리가 사는 시대는 그 어느 때보다도 변화무쌍하다. 이러한 시대일수록 환경과 시대 변화에 빠르게 반응할 수 있는 유연함을 갖추고 있어야만 한다. 유연한 반응은 유연한 생각에서 나온다. 유연한 생각은 고정관념을 벗어난 열린 마음에서 비롯된다. 급변하는 시대에 시간이 없다. 지금 당장 관점을 바꾸고 열린 마음으로 생각하는 것이 필요하다.

> "조조를 간신이라고 하는 것은 봉건 관념이 만들어 낸 억울한 사건이다."(마오쩌둥)
> "조조는 인재를 잘 알아보고 적재적소에 기용한 용인술의 대가였다."(마오쩌둥)
> "조조는 세상의 어떤 잣대로 평가해도 문무를 겸비한 영웅이었다."(중국의 문학자 루쉰)

역사적으로 이름난 인물이나 이 시대의 많은 리더는 조조를 닮고 싶어 한다. 하지만 생각처럼 쉬운 일은 아니다. 그 이유는 무엇일까? 시대의 변화를 읽는 생각의 유연함과 미래를 내다보는 통찰력도 중요하지만 매 순간 조조와 같은 결단력을 내리기는 어렵기 때문이다.

조조는 자신에게 맞는 때가 어느 때인지 잘 아는 영웅이었다.

그래서 때가 왔다고 판단되면 언제나 우물쭈물하지 않고 과감한 결단력을 내리고 행동으로 옮겼다. 우리는 새로운 일을 시작할 때 잠시 망설인다. 확실한 믿음이 없기 때문이다. 믿음은 스스로의 판단을 믿는 긍정적인 자세에서 나온다. 조조가 그랬던 것처럼 스스로를 믿고 때가 왔을 때 과감하게 행동으로 옮기는 것이 필요하다. 이를 통해 세상에 꼭 필요한 나만의 아이콘을 만들 수 있는 것이다.

새로움은 바꾸는 것이 아니라
쌓아가는 것이다

"강릉은 요충지이니 적을 충분히 막을 수 있을 것입니다. 그러나 지금 수만 명의 백성과 한 덩어리가 되어 하루에 겨우 10여 리밖에 못 가고 있으니 이렇게 가다가는 언제 강릉에 닿겠습니까? 더욱이 조조의 군사가 들이치면 싸우기도 어렵습니다. 잠시 백성들은 버리고 먼저 가는 것이 상책입니다."(유비의 장수들)

"큰일을 도모하는 사람은 반드시 백성을 버리지 않는다고 하였다. 백성들이 저렇게 나를 따르고 있는데 내가 어떻게 버리란 말이냐!"(유비)

유비가 조조의 감시에서 벗어나 삼고초려로 제갈량을 영입하고 세력을 키우자 화가 난 조조는 유비를 정벌하기 위해 대군을 출동시켰다. 유비는 조조의 공격을 피해 후퇴할 수밖에 없었다. 그런데 수많은 백성이 유비를 따라나섰다. 유비는 인화(人和)를 중시하며 민심을 어루만지는 일에 힘을 쏟았기에 백성들도 모두 그를 믿고 따랐다. 백성들은 수레와 짐차에 각자의 생필품을 담아 끌고 나섰다. 그렇지 못한 백성은 머리에 이고 등에 진 채로 유비를 따랐는데 그 수만도 10만 명이 넘었다. 수많은 백성이 함께 움직이니 더딜 수밖에 없다. 조조의 기마병은 빠르게 추격해 오고 유비는 백성들과 함께 거북이처럼 후퇴하니 유비의 장수들은 급할 수밖에 없었다.

장수들은 유비에게 급박한 상황부터 벗어날 것을 요청하였지만, 유비는 백성을 버리고 홀로 도망가는 것은 조조와 다를 바 없다며 따르지 않았다. 이 과정을 지켜본 많은 백성은 유비를 존경하며 울지 않을 수 없었다. 그리하여 "우리 모두 죽더라도 황숙을 따라가겠다."라며 유비의 백성이 되기를 간절히 바랐다. 민심이 유비를 따른 것은 어느 날 갑자기 이루어진 것이 아니다. 유비가 백성을 사랑하는 마음을 오랜 기간에 걸쳐 몸소 보여 주었기에 백성들이 의심하지 않고 그를 따라나선 것이다.

우리는 삼국지의 세 영웅을 각각의 특징을 바탕으로 설명한다. 즉, 조조는 하늘이 내려 준 때를 만났고 손권에게는 장강이라는 천연의 장벽이 있었고 유비는 민심을 모으는 힘을 가졌다고 말한다. 이때 세 영웅의 특징은 처음부터 타고난 것이라기보다는 각자 끊임없는 노력으로 쌓아 올린 성과를 하나의 단어로 종합한 것이다. 조조가 그랬던 것처럼 유비도 조조가 가장 두려운 존재였다. 유비는 가난하여 자수성가한 인물이다. 조조처럼 많은 군사와 참모를 거느릴 수 없는 처지였다. 따라서 무력으로는 조조를 이길 수 없었다. 손권처럼 다스릴 수 있는 땅을 물려받지도 못하였다. 그렇다면 조조를 상대할 수 있는 최선의 전략은 무엇인가.

유비는 조조와 정반대의 전략을 택하였다. 즉, 조조가 무력을 앞세워 땅을 빼앗고 백성을 괴롭히자 유비는 어짊과 의리를 내세워 백성을 보살피고 중시하였다. 유비는 힘들고 시간이 걸리더라도 백성의 마음을 얻는 자가 천하의 영웅이요 승자가 된다는 것을 알고 있었다. 그리하여 유비는 조조와 손권이 돌아보지 않는 것을 차근차근 성실하게 쌓아 나간 것이다. 그리고 마침내 민심을 얻는 데 성공했다.

"'새가 죽을 때는 울음소리가 애처롭고 사람이 죽을 때는 말이 착하다.'라고 하였네. 짐은 본래 그대들과 함께 역적 조조를 섬멸하고 한나라를 지키기로 하였는데, 불행하게도 일을 끝내지 못하고 이별을 해야겠네. 수고스럽지만 승상은 이 조서를 태자 선에게 전해 주고 특히 유념할 수 있도록 모든 일을 승상이 잘 지도해 주기 바라네."(유비)

"폐하! 용체를 편히 하소서. 신 등은 견마지로(犬馬之勞)를 다해 폐하의 지우지은(知遇知恩)에 보답하겠나이다."(제갈량)

"승상은 조비보다 열 배는 나은 재주를 가졌으니 반드시 나라를 안정시키고 끝내는 큰일을 이루어 낼 수 있을 것일세. 만일 큰 자식을 도울 만하면 돕고 그렇지 못하면 직접 성도의 주인이 되시게."(유비)

"신이 어찌 감히 온 몸과 마음을 다하여 대를 이어 목숨을 바치지 않겠습니까!"(제갈량)

유비는 자신보다 스무 살이나 어린 제갈량을 삼고초려(三顧草廬)하여 참모로 영입하였다. 그것도 관우와 장비를 데리고 찾아가는 수고를 마다하지 않았다. 조조가 인재를 모집한다는 방을 붙여 이를 보고 찾아온 사람들을 선발하는 것과는 질적으로 다른 것이다. 유비의 성실한 수고로움이 세 번에 걸쳐 쌓이자 드디어 제갈량의 마음이 움직이게 된 것이다. 유비가 제갈량을 참모로 맞이하면서부터 그때까지 수세에 몰렸던 처지가 바뀌게 된다. 그야말로 유비가 바라던 세상을 이루기 위한 새로운 출발점이 된 것이다.

제갈량에 대한 유비의 믿음은 관우와 장비보다 더하였고 이는 그가 죽을 때까지도 계속되었다. 유비가 이릉대전에서 패하고 백제성으로 피신한 후 죽음을 앞두고 제갈량을 불렀다. 태자인 유선을 잘 도와달라고 부탁하면서도 "나라를 다스릴 재목이 못되면 직접 황제가 되어달라."라고 하였다. 하지만 제갈량은 자신이 지금까지 수행해 왔던 참모로서 해야 할 역할을 충실히 하겠다고 맹세한다. 제갈량은 유비가 자신에게 보여 준 지난날을 되새기며 태자 유선을 도와 유비와의 못다 이룬 꿈을 이루는 데 최선을 다하겠다고 다짐한 것이다.

초기의 유비는 별다른 세력도 없이 의형제인 관우와 장비만이 자신에게 충성하는 중요한 동지였다. 하지만 유비가 관우, 장비와 함께 의형제의 결의를 맺는 순간, 그들 간에는 끈끈한 신뢰와 떼놓을 수 없는 의리가 쌓였다. 유비의 신뢰와 의리는 자신의 기반을 다지는 중요한 출발점이 되었고 이로부터 제갈량과 조운 등 여러 참모가 유비를 따랐다. 그리고 유비의 백성을 아끼는 마음이 민심을 움직여 저마다 유비를 따라나섰다.

유비는 자수성가하였기에 기존의 군사 체제나 정치 구조를 바꾸려고 하기보다는 관우와 장비라는 인물을 자신의 세력에 합류시키고 그들과 함께 힘을 합쳐 나가는 방식으로 점진적인 세력 확장에 힘썼다. 유비는 기존의 질서를 바꾸기보다는 사람들 간의 신뢰와 결속을 쌓아 나가는 방식으로 자신의 목표를 이루어 나갔다. 그 결과, 유비는 제갈량의 도움으로 형주와 익주를 차지하게 되고 마침내 손권과의 동맹으로 삼국의 균형을 이루는 데 성공하였다.

유비가 백성들과 제갈량의 마음을 얻기까지는 남들과 다

른 노력과 시간이 필요하였다. 더욱이 다른 경쟁자들이 앞서 달려 나가는 때라면 이러한 선택은 생각하기조차 어렵다. 하지만 유비는 이를 선택하여 성공하였다. 조금 늦더라도 기반을 차근차근 쌓아 올려 튼튼하게 하는 것이 필요하였기 때문이다.

우리는 '토끼와 거북이의 달리기' 이야기를 잘 알고 있다. 거북이의 한 걸음씩 걷는 꾸준함이 토끼의 빠름과 자만을 이기는 것이다. 지금은 작은 것이라 할지라도 매일 꾸준히 반복하면 마침내 새로운 인생을 살 수 있는 것이다.

스스로의 가치를 높여라

세상이 뒤집혔네. 타던 불길도 꺼져가네.
나라가 무너지려 하는데 기둥 하나로 받치기 어렵네.
산골에 훌륭한 사람이 있어 현명한 주인을 찾으려 하는데
현명한 주인은 훌륭한 이를 구하면서 결국 나를 몰라보시네.
- '서서'의 노래

유비는 일생의 반 이상을 변변한 터전 없이 여러 군웅(群雄)에게 몸을 의탁하며 지냈다. 공손찬을 시작으로 도겸, 여포, 조조를 거쳐 원소에게 의탁하였다. 원소가 관도에서 조조에게 패하자 곧바로 형주의 유표에게 갔다. 유표는 같은 황족의 성씨인 유비를 반갑게 맞이하였다. 그런데 유비가 술에 취해 자신의 야망을 드러내자 유표는 이를 달갑지 않게 여기고

조조와 마주보는 변경인 신야로 보냈다.

유비는 신야에서 7년 동안 군사들을 훈련시키며 힘을 쌓았다. 군사는 관우와 장비가 있어서 걱정이 없었지만, 전략과 전술을 제안할 참모가 없어 고민이었다. 그러던 차에 허름한 옷을 입고 저잣거리에서 노래를 부르는 사람을 만났다. 노래를 들은 유비는 그가 자신이 찾던 와룡(제갈량)과 봉추(방통) 중 한 명이리라 생각하고 즉시 그를 만났다. 하지만 그 노래의 주인공은 '서서'였다.

서서 역시 뛰어난 참모가 되기에 충분한 실력이 있었다. 그가 유표를 만나 주인으로 모시려고 했지만, 유표의 그릇이 작음을 알고 포기하였다. 유비가 인품이 훌륭하고 백성들도 믿고 따르자 서서는 유비의 참모가 되고 싶었다. 하지만 그냥 유비를 찾아가면 자신의 가치를 제대로 알릴 수 없었다. 서서는 스스로 가치를 높여 유비로 하여금 귀가 솔깃하게 하는 것이 필요하였다. 이를 통해 유비가 자신을 구세주와 같은 존재라는 것을 알게 한다면 그 후의 과정은 더욱 쉽고 빠르게 진행될 수 있기 때문이다. 이러한 서서의 생각은 적중하였고 유비는 서서를 즉시 책사로 삼았다.

> "주군이 찾으시는 제갈량은 양양성 밖 20리 융중(隆中)에 살고 있습니다."(서서)
>
> "서서가 나를 위해 그를 청해 올 수 없겠소?"(유비)
>
> "이 사람은 부른다고 올 사람이 아닙니다. 사군께서 직접 찾아가 구해야 합니다. 만일 이 사람을 얻는다면 주나라가 강태공을 얻고 한나라가 장량을 얻은 것과 같습니다. 그는 복룡(伏龍)으로, 이름은 제갈량입니다."(서서)

유비는 서서를 책사로 임명한 후 자신의 꿈을 달성할 날이 앞당겨졌음을 기뻐하였다. 하지만 그러한 행복도 잠시, 서서가 어머니의 편지를 받고 유비를 떠나게 되었다. 유비는 서서와 이별하는 것이 슬퍼 눈물만 흘렸다. 서서도 유비와 헤어지는 것이 아쉬워 유비가 찾던 제갈량이 사는 곳을 알려 주었다. 유비는 서서에게 제갈량을 불러오도록 하였다. 하지만 서서는 유비가 직접 찾아가 초빙할 것을 권하였다. 제갈량은 천하를 다스리는 지혜와 역량을 가졌으니 부르지 말고 직접 모셔와야만 한다는 것이었다.

제갈량의 가치는 그를 제자로 삼은 수경 선생 사마휘가 일찍부터 알고 있었고 그와 함께 공부한 친구들을 통해 이미 형주에 널리 알려져 있었다. 유비는 제갈량의 가치를 뒤늦게 안 것이다. 그리하여 유비는 제갈량을 영입하기 위해 그 누구보다 정성을 쏟았다. 이를 안 제갈량은 유비를 주군으로 모시려고 마음먹었다. 하지만 그 전에 자신의 가치를 확실하게 높여 둘 필요가 있었다. 그래서 '양보음'이라는 노래를 지어 아이들이 부르게 함으로써 유비가 이를 알아차리도록 하였다.

> 걸어서 제나라 성문을 나서면 멀리 탕음리가 보이네.
> 마을에 무덤이 세 개, 옹기종기 비슷하게 모여 있네.
> 누구 집 무덤인가 물어보았더니 공손접과 전개강과 고야자라네.
> 힘으로는 남산을 뽑아버리고 글로는 지리를 꿰뚫을 정도였다네.
> 하루아침에 참소 한 마디, 복숭아 두 개로 세 장사를 죽였네.
> 누가 이 계책을 내었는가, 제나라 재상 안자라 하네.
>   - 제갈량이 지은 「양보음」

제갈량이 지은 노래에 나오는 제나라 재상 안자(晏子)는 춘추시대 경공(景公)을 보좌하여 오패(五覇)의 한 사람인 제환공(齊桓公)을 만든 사람이다. 안자는 당시 외적의 침입으로부터 제나라를 지키기 위해 사마양저를 발탁하고 싶었다. 그러나 조정에는 경공의 총애를 받는 공손접, 전개강, 고야자라는 세 명의 장수가 있었다. 그들은 경공의 총애를 믿고 안하무인으로 행동하였다. 안자는 이들을 제거하지 않고는 사마양저를 발탁해 봤자 아무런 소용이 없다는 것을 알았다.

안자는 제나라를 방문한 노나라 군주를 환영하는 연회장에서 복숭아 두 개를 내놓고 자기가 세운 공을 자랑하고 스스로 공이 높다고 생각한 자가 복숭아를 먹도록 하였다. 이에 세 사람은 서로 공을 다투고 복숭아를 먹지 못하게 된 전개강이 자결하자 나머지 두 사람도 뒤따라 자결하였다. 안자는 곧바로 시골에서 은거하며 농사를 짓고 살던 사마양저를 불러 제나라의 군권을 맡겼다.

제갈량이 「양보음」을 부르며 유비를 세 번씩이나 초려로 오게 한 까닭은 무엇일까? 제갈량은 유비보다 스무 살이나 어리다. 막내인 장비와도 열여섯 살 차이이다. 또한 관우와 장비는 이미 20여 년을 유비의 수족처럼 움직이며 온갖 전쟁터를 누볐다. 이와 같은 상황에서 유비가 제갈량을 책사로 임명한들 두 아우가 제갈량을 어린애 취급할 것은 뻔한 일이었다.

  제갈량은 자신의 가치를 최대로 높여 이런 사실을 미리 차단할 필요가 있었다. 이런 이유로 '유비 당신이 나를 책사로 삼고 싶으면 먼저 집안 단속부터 한 후에 찾아오시오.'라는 메시지를 남긴 것이다. 그러자 이를 알아챈 유비가 손수 아우들을 데리고 제갈량을 따를 수 있도록 사전 교육을 한 것이다. 유비는 이러한 과정을 거쳐 관우와 장비도 제갈량을 신임하도록 만들었다.

  제갈량은 유비가 자신의 지혜와 능력을 높이 평가할 때까지 기다렸다. 유비가 제갈량을 얻기 위해 세 번이나 초가를 찾아간 것은 제갈량의 능력에 대한 신뢰와 존경을 나타낸 것이다. 이처럼 제갈량은 자신의 능력을 과시하지 않고 진지하게 준비하고 노력하면서 천천히 자신의 가치를 높여 나갔던 것이다.

  가치란, 자신의 내적 성장과 능력 발휘를 바탕으로 외부에서 평가와 인정을 받는 것을 말한다. 따라서 스스로의 가치를 높이는 것은 자신을 성장시키는 과정이며 이를 통해 많은 사람의 신뢰를 얻을 수 있는 것이다. 제갈량은 지혜와 인내로 자신의 가치를 높였다. 우리 또한 제갈량의 이러한 점을 배울 필요가 있다. 그리하면 어느 날 유비 같은 리더가 찾아와 당신을 진심으로 초빙하길 원할 것이기 때문이다.

 스스로의 가치를 높이는 방법에는 어떤 것이 있는지 알아보세요.

약점은 나태와 자만을 일깨우는 힘이다

"군중에는 아마 좋은 술이 없을 것입니다. 성도(成都)에는 좋은 술이 많으니 50동이만 실어다 주고 장장군에게 마시라고 하소서."(제갈량)

"내 아우가 전부터 술만 마시면 실수하는데 군사는 어째서 그에게 술을 보내 주라고 하시오?"(유비)

"주공께서는 장비와 그 많은 세월을 형제로 지내셨으면서 아직 그의 됨됨이를 모르십니까? 그는 전에는 억세고 거칠기만 하였습니다. 그러나 지난번 서천을 차지할 때 엄안을 의롭게 놓아 준 것을 보십시오. 그것은 한낱 졸장부가 할 수 있는 일이 아닙니다. 지금 장합과 50여 일을 대치하면서 술에 취하여 산 밑으로 나가 앉아 방약무인(傍若無人)하게

욕설을 퍼붓는 것은 술을 탐닉하는 것이 아니라 장합을 무찌르려는 계책인 것입니다."(제갈량)

장비는 술고래이다. 그런데 술에 취하면 부하 병사들을 심하게 대하는 고약한 술버릇이 있다. 유비는 장비의 이러한 술버릇이 마음에 걸려 매번 주의를 주었지만 쉽게 고치지 못하였다. 조조가 한중을 차지하고 익주를 넘보려고 하자 유비가 위협을 느끼고 한중 공략에 나섰다. 장비가 선봉에 섰다. 그러자 조조는 조홍과 장합을 보내 지키게 하였다. 장비가 첫 전투에서 장합을 크게 무찌르자 장합은 지키기만 할 뿐, 나와서 싸우려고 하지 않았다. 장비가 아무리 싸움을 걸어도 소용없었다. 그러자 장비가 계략을 바꿨다. 매일 군사들과 술을 마시고 씨름 놀이를 하다가 술에 취하면 장합에게 마구 욕설을 퍼부었다. 장비의 약점을 그대로 보여 주고 만 것이다. 더욱이 마실 술이 없자 한술 더 떠서 성도의 유비에게 술을 보내달라고까지 하였다. 이를 본 부하 병사들은 장합이 싸우려고 하지 않자 술을 좋아하는 장비가 이참에 술독에 빠져 지낸다고 오해하였다.

장합의 생각도 이와 같았다. 그래서 장비가 술에 취했을 때 급습하면 승리할 수 있다고 믿었다. 그날도 장비는 여느 때와 같이 술을 마시고 취하여 장합에게 고래고래 욕을 퍼부었다. 그날 밤, 장합은 성문을 열고 군사를 몰고 나와 술 마시는 장비를 창으로 찔러 거꾸러뜨렸다. 그런데 그것은 장비가 아닌 허수아비였다. 장합이 함정에 빠진 것을 알고 후퇴하려 할 때 장비가 사방에서 공격하였다. 장합은 많은 군사와 성을 잃고 겨우 몸만 도망쳤다. 장비가 자신의 약점인 술버릇을 역이용하여 장합을 무찌른 것이다.

사람은 누구나 장점과 약점이 있다. 그런데 모두는 약점 때문에 크든 작든 열등의식을 느낀다. 자신의 장점보다는 약점이 더 신경 쓰이기 때문이다. 하지만 약점은 단순히 단점이나 부족한 점에 그치지 않는다. 약점은 오히려 우리의 부족한 부분을 깨닫게 하여 나태함과 자만을 경계하고 끊임없이 자신을 성장시키도록 하는 중요한 원동력이 될 수 있다. 문제는 자신의 약점을 이해하고 어떻게 극복하느냐가 중요한 것이다.

자신의 약점을 어떻게 쓸 것인지의 문제는 약점을 새롭게 보는 '역발상'의 지혜가 필요하다. 장비는 자신의 약점이 무엇인지 알고 있었다. 그로 인해 유비에게서 받은 질책과 걱정은 귀에 못이 박힐 정도이다. 장비도 자신의 약점인 술버릇을 늘 고치고 싶어 했을 것이다. 자신의 술버릇을 고치기 위해 나태하지 않고 자만하지 않으려고 노력하였다. 이러한 생각과 행동이 장비로 하여금 장합을 무찌를 수 있는 역발상의 지혜를 얻게 한 것이다.

약점은 누구나 가지고 있는 것이지만 극복하기에 따라 장점이 될 수도 있고 강점이 될 수도 있는 것이다. 따라서 약점에 스스로 위축되지 말고 이를 장점이나 강점으로 바꾸려는 노력이 필요하다. 스스로 약점을 두려워하지 말고 이를 강점으로 만들려는 노력이 중요한 것이다.

> "공은 평생 주로 무슨 공부를 하셨소?"(손권)
> "한 가지에 국한하지 않고 필요에 따라 두루 공부하였습니다."(방통)
> "공의 재능과 학문은 주유와 비교하여 어떠하오?"(손권)

"저의 재능과 학문은 주유와 현격히 다릅니다."(방통)

"공은 우선 물러가 계시오. 공을 쓸 일이 생기면 다시 부르겠소."(손권)

"주공! 어째서 방통을 쓰지 않으십니까?"(노숙)

"미친 사람이오. 써서 무엇 하겠소?"(손권)

"적벽대전에서 이 사람이 연환계를 제안하여 첫째가는 공을 세웠습니다. 주공께서도 생각해 보시면 아실 것입니다."(노숙)

"그때는 조조가 스스로 배를 고정시킨 것이지 그 사람의 공이 아니었소. 내 결단코 쓰지 않겠소."(손권)

　노숙이 손권에게 방통을 추천하였다. 주유가 살아 있을 때 방통의 의견을 많이 썼다고 하자 손권도 좋아하였다. 그런데 손권은 방통을 보자마자 쓰고 싶은 생각이 사라졌다. 방통의 외모가 괴상했기 때문이다. 짙은 눈썹에 찍어 당긴 듯한 들창코, 시꺼먼 얼굴에 짧은 수염을 한 사람이었다. 이 모습을 본 손권은 방통과 몇 마디 말만 하고는 그를 미친 사람으로 여겼다. 실망한 방통은 노숙의 추천서를 가지고 유비에게로 갔다.

"강동의 명사 방통이 특별히 의탁하러 찾아왔습니다."(문지기)

"족하! 먼 길을 오기가 쉽지 않았을게요."(유비)

"황숙께서 쓸 만한 인재를 찾고 받아들이신다기에 일부러 의탁하러 왔습니다."(방통)

"현주가 조금은 안정되어 정말 빈 자리가 없소. 여기서 동북쪽으로 130리 떨어진 곳에 뇌양현이 있는데 그곳의 현령 자리가 하나 비어 있소. 공에게는 맞지 않는 자리지만 부임토록 하시오. 만일 다음에 결원이 생기면 즉시 중용토록 하겠소."(유비)

방통을 대하는 유비의 행동도 손권과 다르지 않았다. 수경 선생이 와룡과 봉추 중 하나만 얻어도 천하를 통일할 수 있는 인재라고 했는데도 시골의 현령 자리를 주었다. 방통은 노숙과 제갈량의 추천서를 가지고 갔다. 하지만 유비에게 내놓지 않았다. 그는 추천서 없이 유비의 평가를 받고 싶었지만, 괴상한 외모 때문에 중용되지 못하였다. 이후 장비가 직접 가서 방통의 능력을 확인하고 제갈량이 유비에게 재차 추천하고 나서야 부군사가 되었다.

방통은 어렸을 때부터 자신의 외모에 대하여 커다란 열등의식을 가지고 있었을 것이다. 그렇지만 외모 때문에 나태하거나 포기하지 않았다. 오히려 겉모습의 약점을 극복하기 위하여 누구보다 열심히 공부하였다. 마침내 수경 선생에게 제갈량과 함께 천하통일에 이바지할 뛰어난 인재로 인정받았다. 이처럼 방통은 자신의 약점을 강점으로 바꿔 놓는 데 성공한 것이다. 오히려 손권과 유비가 외모만 보고 그를 제대로 알아보지 못한 것이다.

첫만남에서 외모는 중요하다. 하지만 그것이 그 사람의 전부는 아니다. 오히려 가장 중요한 것은 눈에 보이지 않는 내면에 있는 것이다. 따라서 외모지상주의를 좇을 필요는 없다. 오히려 이를 정진의 발판으로 삼아 자신만의 특징적인 가치를 쌓는다면, 누구도 인정하지 않을 수 없는 나만의 강점이 되는 것이다. 이렇게 자신의 약점을 강점으로 만들면 내가 나서지 않아도 사방에서 나를 찾아오기 마련인 것이다.

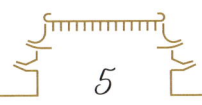

돌아보고 탄식하지 말라

"지금 원소는 강하고 조조는 약한데, 이렇게 원소의 편지를 찢고 사자를 꾸짖었으니 그가 쳐들어오면 어쩌려고 그러시오?"(장수)

"조조를 따라야 합니다."(가후)

"나는 그와 원수진 일이 있는데 어찌 가능하겠소?"(장수)

"조조는 천자의 명을 앞세워 천하를 정벌하고 있고 원소는 강성한 까닭에 우리를 크게 생각하지 않지만, 조조는 약한 까닭에 우리를 얻으면 크게 기뻐할 것입니다. 또한 조조는 천하에 뜻이 있어 사사로운 원한은 잊고 인덕을 펴고자 할 것이니 의심할 필요가 없습니다."(가후)

조조가 대군을 이끌고 완성의 장수를 공격하자 장수는 어찌할 바를 몰랐다. 장수는 참모인 가후의 의견을 따라 조조에게 투항하였다. 조조는 장수가 초대한 연회에 참석하였는데 그 자리에서 장수의 숙모 추씨의 미색에 빠졌다. 조조가 몰래 추씨를 영채로 데리고 와서 며칠 동안 밖으로 나오지 않자 이 사실을 안 장수가 몹시 분개하여 조조를 처단하고자 하였다. 이에 가후가 계책을 내어 조조를 죽이고자 하였다. 조조는 겨우 죽음을 모면하고 도망하는 데 성공했지만, 그 와중에 근위대장인 전위, 큰 아들인 조앙과 조카 조안민을 잃었다.

얼마 후 조조는 하북 지역을 차지하기 위하여 원소와 피할 수 없는 대결을 펼치게 되었다. 삼국지 3대 전투의 하나인 '관도대전'이다. 원소는 대군을 거느리고 있었지만, 조조는 그렇지 못하였다. 군사력만 살펴본다면 조조는 원소의 상대가 될 수 없었다. 이러한 때 원소가 사신을 보내 장수에게 합류할 것을 권하였다. 그런데 가후는 원소의 사신을 꾸짖어 쫓아내고 장수에게는 조조를 따를 것을 권하였다.

가후는 정녕 장수와 조조가 원수 사이라는 것을 몰랐던 것일까? 똑똑한 가후가 그것을 모를 리 없었다. 가후는 조조가 한낱 과거의 일에 연연할 정도로 그릇이 작은 인물이 아니라는 것을 알고 있었다. 그래서 장수에게 원소와의 결전을 앞둔 이때가 조조에게 가장 대접받기 좋은 때라는 것을 설명하였다. 장수는 잠시 망설였지만, 가후의 말이 지금까지 한 번도 틀린 적이 없는 것을 알고 조조에게 투항하였다. 그러자 조조는 장수와의 지난 일은 깨끗이 잊고 반갑게 맞이하여 양무 장군에 임명하였다. 가후의 명철한 판단이 또 한 번 적중한 것이다.

조조는 어째서 자신의 부하는 물론 장남과 조카까지 죽인 장수를 부하로 받아들인 것일까? 일반적인 생각으로는 이해하기 어렵다. 조조는 자신이 이룩하고자 하는 목표가 확실하였다. 바로 어지럽게 갈라진 천하를 통일하는 것이다. 그런데 이제 그 성공 여부를 가리는 중요한 길목에 섰다. 이러한 때 자신의 욕심 때문에 벌어진 일을 가지고 원수 취급하는 것은 갈 길 바쁜 조조에게는 의미 없는 일이다. 오히려 한 명의 군사가 아쉬운 때 조조의 목표를 이루는 데 힘을 보태 주었으니 반가울 수밖에 없는 것이다. 옛일을 들춰내어 따지지 않고 미래를 위해 현재에 충실한 것이 보통의 인물과는 다른 영웅 조조의 참모습이다.

　우리는 살아가면서 성공보다 실패를 더 많이 겪는다. 남들은 오늘도 성공하는데 나는 오늘도 실패만 하는 것 같다. 하지만 이것은 나의 생각일 뿐이다. 오늘 성공하는 사람들도 나보다 많은 실패를 겪었다. 그들은 실패를 반복하는 과정에서 새로운 깨우침을 얻어 오늘 성공한 것이다. 오늘 나의 실패가 새로운 깨우침을 얻는 자양분이라는 믿음으로 바뀔 때 내가 목표한 것 이상의 성공을 얻을 수 있다. 성공은 실패를 먹고 자라기 때문이다.

　역사의 주인공 조조도 실패를 거듭하였다. 혼탁한 세상을 만든 원흉인 동탁을 죽이고자 하였지만 실패하였다. 이에 고향으로 도망가다가 진궁에게 붙잡혀 목숨마저 위태로웠지만, 조조의 뜻을 이해한 진궁의 도움으로 함께 도망쳤다. 조조는 그의 부친과 의형제를 맺은 여백사의 집에서 하룻밤을 쉬어가기로 하였는데, 돼지를 잡아 대접하려는 식구들의 말을 오해하여 모두 죽이고 말았다. 조조와 진궁은 마음이 불안하여 앞뒤 사정을 살피지 못한 것이다. 두 사람은 급히 길을 떠나다가 술을 받아오는 여백사를 만났다. 조조는 여백사가 집으로 돌아가 상황을 아는 순간 일을 크게 만들 것을 걱정해 그마저 죽였다. 진궁이 이를 심하게 질책하자 조조가 말하였다.

> "차라리 내가 천하의 사람들을 배반할지언정 천하의 사람들이 나를 배반하게 두지는 않겠소."

이처럼 조조의 처음은 실패와 잘못의 연속이었다. 조조가 이를 모를 리 없었다. 하지만 잘못한 것을 탄식하고 있을 수만은 없었다. 시대는 조조를 위해 기다려 주지도 않는다. 조조는 실패와 잘못을 가슴에 새기면서 자신의 목표를 향해 쉼없이 나아갈 수밖에 없었다. "차라리 내가 천하의 사람들을 배반하겠다."라는 조조의 외침은 자신의 실패와 잘못을 자양분으로 삼아 천하통일이라는 목표를 반드시 달성하고야 말겠다는 스스로의 선언이었다. 그리하여 조조는 이후 자신의 선언대로 난세의 천하를 호령할 수 있었다. 이러한 조조의 처세에 대하여 조조를 악인으로 만드는 데 일조한 모종강도 차도 다음과 같이 말하였다.

"누구나 조조를 욕하거나 꾸짖으며 죽이고 싶을 것이다. 하지만 조조의 이러한 솔직함이 보통 사람과는 다른 점이라는 것을 알아야 한다. 누가 이런 마음을 갖지 않았다고 할 수 있고 또 어느 누가 당당히 나서서 이런 말을 할 수 있겠는가. 도의(道義)를 강조하는 자들은 조조의 말을 바꾸어 '차라리 남이 나를 배반하게 할지언정 내가 남을 배반하지는 않을 것'이라고 한다. 하지만 그렇게 말하는 자들의 하는 짓을 보면 말과는 정반대이다. 오히려 자신들도 속이며 조조의 말대로 하고 있다. 그래서 조조의 솔직함이 오히려 보통 사람들보다 낫다고 생각한다."

유비는 조조보다 더 많은 실패의 연속이었다. 도겸에게서 물려받은 서주를 장비의 실수로 한 순간에 여포에게 넘겨 주었다. 형주의 유표에게 의탁하고 있을 때는 술좌석에서 자신의 야망을 드러냈다가 변방으로 쫓겨나기도 하였다.

"서주성을 얻었다고 기뻐할 것도 없고, 잃었다고 원통할 것도 없다!"(유비)

일은 이미 벌어졌고 되돌릴 수도 없다. 그러자 유비도 뒤돌아보고 탄식하지 않았다. 조조가 그랬던 것처럼 실패와 잘못을 가슴에 새기면서 자신의 목표를 향해 쉼 없이 나아갔다. 영웅들의 삶이 이러할진대 하물며 평범한 우리의 삶에 어찌 실패와 잘못이 없을 수 있겠는가. 실패에서 새로운 것을 배우고 잘못에서 새롭게 깨우침을 얻는다면 이는 틀림없이 성공의 원동력이 될 것이다.

세상은 하루가 다르게 급변한다. 우리는 지난날을 돌아보고 탄식하며 후회하기엔 시간이 없다. 오직 자신이 하고자 하는 것에 대하여 전념해야 한다. 실패하는 것을 두려워하지 말고 자신 있게 가슴을 펴고 앞으로 나가야 한다. 그것이 꿈과 목표를 이루는 지름길인 것이다.

변화의 흐름을 읽고 올라타라

"동도(東都, 낙양)는 돌보지 않고 버려둔 지 오래되어 성을 수축하기가 불가능합니다. 더욱이 양식을 조달하기에도 여간 힘들고 어려운 일이 아닙니다. 허도(許都)는 노양에 가까운데 성곽과 궁전, 조세와 물품 등을 준비해 쓰기에도 불편함이 없습니다. 신이 감히 허도로 가시기를 청하오니 폐하께서는 부디 따라 주시기를 바랍니다."(조조)

여포가 초선의 미인계에 빠져 동탁을 죽이자 암흑과도 같았던 폭정의 시대가 끝나는 듯싶었다. 그런데 동탁의 부하인 이각과 곽사가 동탁의 뒤를 이어 권력을 잡고 휘둘렀다. 황제인 헌제는 힘이 없었기에 이들의 횡포를 피해 도망다니기에 바빴다. 세 끼 식사는 고사하고 비바람을 피할 곳조차 없었다. 말이 황제였을 뿐, 황제의 권위는 길가에 버려진 헌 짚신짝만도 못하였다. 이런 상황에서 그 누구도 황제를 돌볼 생각을 하지 않았다.

한나라가 기강이 무너져 망국으로 치닫자 여기저기서 군사력으로 무장한 군웅들이 활보하였다. 원소와 원술이 선두를 달렸고 유표와 유장, 손견 등이 각기 천하의 요충지를 차지하고 있었다. 조조는 이들보다 늦게 군웅의 대열에 합류하였기에 자신의 입지를 빠르게 강화할 필요가 있었다.

이때 조조의 참모인 순욱이 헌제를 허도로 모셔 올 것을 청하였다. 황제가 어려움에 부닥쳤으니 발빠르게 구원하여 공을 세우고 아울러 조조의 근거지인 허도로 헌제를 모셔 와 지내게 함으로써 황제를 보필하는 신하로서의 권위를 내세우라고 하였다. 순욱의 말대로 조조가 천자인 헌제를 구원하여 자신의 근거지로 모셔 온다면 조조의 정치적 입지는 급상승할 수 있었다. 생각이 이에 이르자, 조조는 곧바로 행동으로 옮겼다. 그리고 계획대로 황제를 허도로 모셔 오는 데 성공하였다.

「삼국지」에서 조조는 악인의 대명사로 이름이 높다. 하지만 역사적인 평가는 그렇지 않다. 역사가들은 조조를 혁신의 아이콘이라고 하였다. 왜 그들은 이런 평가를 내렸는가. 조조는 400여 년을 지탱해 온 한나라가 이제 더 이상 이어질 수 없다는 것을 알았다. 건국 초기부터 국가 정책의 기반이 되었던 유교가 오랜 세월을 지나면서 위선적인 규범 사회로 변질되어 부패와 탐욕이 넘쳐났다. 조조는 환관의 자손으로 유교적 규범이 판치는 사회에서 제대로 대접받을 수 없는 운명이었다. 조조의 태생적 한계와 시대적 혼란은 그에게 낡은 틀을 깨고 새로운 시대를 열어 나가라는 운명적인 게시와도 같은 것이었다. 조조에게 천시(天時)가 따른다는 것도 바로 이러한 의미인 것이다.

조조가 위선과 규범이 판치는 시대를 끝내기 위해서는 무엇보다 정치적인 우위를 선점해야만 했다. 권력을 가져야만 자기 뜻을 펼칠 수 있기 때문이다. 조조는 난세라는 시대의 흐름을 읽고 위태로이 피난을 다니는 천자를 자신의 근거지로 모셔 오는 기회를 잡음으로써 이 문제를 손쉽게 해결하였다.

그리하여 천자를 최측근에서 보필하는 신하이자 천자의 이름으로 자신의 목표를 달성하기 위한 명령을 내리는 승상이 될 수 있었다.

우리도 조조처럼 시대가 변화하는 흐름을 읽고 이를 활용할 줄 아는 지혜가 필요하다. 아무리 좋은 계획을 가슴에 품고 있더라도 시대의 변화를 읽고 이를 활용하지 못하면 그것은 평범한 생각에 불과하다. 그러므로 변화의 흐름을 읽을 줄 아는 안목이 필요하다. 그렇다면 이러한 안목은 어떻게 키울 수 있을까? 여러 가지 방법이 있지만 무엇보다 중요한 것은 이제까지 보아 왔고 그래서 모두가 따르는 방식을 깨는 것이 필요하다. 모두가 따르는 방식은 이제까지 필요한 방식이다. 하지만 급변하는 시대에서 앞으로도 필요한 방식은 아니다. 모두가 믿고 있는 방식에서 벗어나 나만의 새로운 방식을 만들어야 한다.

조조는 인재를 영입함에 있어서도 잘못을 따지지 않았다. 오히려 당시 유교 사회의 질서에 어긋나는 일을 했더라도 한 가지 재주가 있다면 과감하게 발탁하여 그에게 걸맞은 자리를 주었다. 조조의 이러한 인재 모집은 그때까지 상상조차 할 수 없는 것이었다.

이처럼 조조는 그때까지 누구도 생각하지 못한 파격적인 방법으로 자신을 도와줄 인재를 모집하였다. 조조가 이러한 파격적인 방식을 쓴 것은 유교의 병폐가 만연한 사회를 깨고 새로운 시대를 열고 싶었기 때문이다. 모든 것이 타성에 젖어 썩고 있는 사회를 변화시키기 위해서는 기존의 방식을 뛰어넘는 혁신적인 방법이 필요했기 때문이다. 조조는 스스로 새로운 변화를 만들어 냈다. 이것이 바로 조조를 혁신의 아이콘이라고 부르는 이유이다.

"선제(유비)께서 살아계실 때는 오와 불편한 관계가 지속되었지만, 이제 이미 돌아가셨소. 지금 주상께서는 오왕을 매우 흠모하시어 옛날의 원한을 버리고 영원한 우호를 맺은 후 힘을 합하여 위를 무찌르고자 하십니다."(등지)

유비는 손권이 관우를 죽이고 형주를 차지하자 촉오 동맹을 파기하고 손권을 공격하였다. 처남 매부 사이가 하루아침에 원수 사이가 된 것이다. 하지만 유비는 이릉대전에서 대패하고 백제성으로 후퇴하여 눈을 감았다. 유비는 죽기 전에 제갈량에게 자기 아들인 태자 유선을 부탁하였다.

유비의 유언을 받은 제갈량은 어깨가 무거웠다. 어린 유선을 보필하며 급변하는 시대에 촉나라를 안정적으로 이끌어가야만 하였기 때문이다. 제갈량은 냉정하게 생각하였다. 시대의 변화를 주도하기 위해서는 오나라와의 관계를 예전처럼 돈독하게 하는 것이 최우선이었다. 그는 막강한 위나라를 대적하기도 벅찬 일인데, 사이가 좋았던 오나라를 원수로 삼아서는 좋을 것이 없다고 판단하였다.

단순한 것만큼 위험한 것은 없다. 현대와 같은 불확실성의 시대는 더더욱 그러하다. 변화의 흐름을 읽지 못하고 단순함에 빠져 시간을 보낸다면 머지않아 '우물 안의 개구리'가 되고 말 것이다. 변화를 선도할 수 있다면 더없이 좋겠지만, 그것은 쉬운 일이 아니다. 그렇다면 차선책으로 변화의 흐름에서 멀어져서는 안 된다. 시대의 변화를 받아들이려면 생각이 유연하여야 한다. 하나의 선입견에 빠져 모두가 변화하는 것을 보지 못하면 진정한 삶의 목표도, 행복한 인생도 누릴 수 없게 된다.

인생에서의 절정기로 가는 시기에 변화를 두려워해서는 안 된다. 오히려 변화의 중심에 올라탈 수 있어야 한다. 자신만의 방식으로 변화를 주도할 수 있어야 한다. 그런데 우리는 머뭇거린다. 그 이유는 불확실성에 따른 실패의 두려움 때문이다. 하지만 변화는 언제나 불확실성 속에서 탄생하고 실패를 두려워하지 않는 도전 속에서 새로운 세상을 만든다.

지금 세상의 흐름을 읽고 행동하지 않으면 이후의 미래는 성공하기 어렵다. 그러므로 변화를 피하지 말고 과감한 도전으로 자신만의 성공 방정식을 만들어야 한다. 우리의 삶은 언제나 새로운 변화 속에서 이루어지기 때문이다.

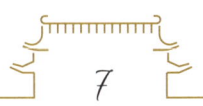

사소한 이익 추구에
발목이 잡혀서는 안 된다

"제가 듣건대 조조의 사위 하후무는 젊었으되 겁이 많고 지략도 없다고 합니다. 지금 제게 정예병 5,000명과 군량 5,000석을 준다면, 곧장 포중으로 나가 진령 산맥의 동쪽을 돌고 자오곡으로 직행하여 북쪽으로 나아가겠습니다. 그러면 열흘도 안 되어 장안에 도달할 것입니다. 하후무가 이를 안다면 반드시 배를 타고 도망갈 것입니다. 장안성에는 어사와 경조태수만 있을 터이니 횡문에 있는 군량 비축 창고와 도망치는 백성들이 버린 곡물로도 군량은 충분할 것입니다. 위나라가 병력을 모으려면 20일은 족히 걸릴 것이므로 공께서 사곡을 뚫고 나오면 반드시 그 전에

도착할 수 있습니다. 이렇게만 되면 함양의 서쪽 지역을 단숨에 모두 평정할 수 있을 것입니다."(위연)

제갈량이 유선에게 출사표를 올리고 첫 번째 북벌을 단행할 때 위연이 제갈량에게 가장 빠른 길인 자오곡으로 직행하여 장안을 차지할 것을 제안하였다. 무장 위연의 제안은 전술적으로도 틀린 말은 아니었다. 그런데 제갈량은 "모든 것을 골고루 살펴 준비한 계책이 아니다."라며 위연의 제안을 받아들이지 않았다. 제갈량은 위연의 전략을 알지 못했던 것일까?

그렇지 않다. 제갈량도 마음 같아선 당장 자오곡으로 진격하여 장안을 점령하고 그 여세를 몰아 위나라를 위태롭게 하고 싶었다. 하지만 촉나라의 현실은 그렇지 못하였다. 오히려 전체적인 국면은 위나라에 이롭고 후주 유선은 중원을 수복할 만한 그릇이 안 되었다. 이러한 상황에서 자오곡을 통해 위나라의 장안을 점령한들, 곧 위나라의 역공을 받게 되어 촉나라의 병력만 잃게 될 뿐이다. 따라서 제갈량은 자신이 지난날 유비와 함께 구상한 정책을 새롭게 조정해야만 하였다.

"사마의는 반드시 가정으로 와서 촉군의 중요한 길목을 끊으려 할 것이다. 가정은 작은 곳이지만 대단히 중요한 곳이다. 만약 가정을 잃는다면 우리 대군은 모두 끝장이다."(제갈량)

　제갈량이 고심에 찬 생각 속에 내린 계책은 바로 천수, 남안, 안정을 차지하는 것이었다. 이 세 곳은 장안의 머리이자 촉나라로 들어오는 입구에 해당한다. 이곳을 점령하면 위나라는 검각을 넘어 촉나라를 공격하기 어려우니 촉나라는 굳건히 유지할 수 있다. 가정은 이들 지역을 차지하기 위한 교두보와 같은 곳이다.

　제갈량은 유비와 함께 '천하삼분지계'를 추진하여 형주와 익주를 차지하였다. 그런데 이제는 유비 삼형제가 모두 죽고 형주마저 잃고 말았다. 이러한 상황에서 제갈량은 전략을 수정할 수밖에 없었다. 제갈량은 '최선의 방어는 공격'이라는 전략으로 수정하였다. 이는 단기적인 이익에서 벗어나 나라의 미래까지 염두에 둔 장기적인 전략이었다. 또한 약한 군사력으로 강한 위나라를 제압하는 가장 좋은 전략이었다.

이처럼 제갈량은 위나라를 공격하고자 북벌을 단행하였지만, 단기적인 승리에 집착하지 않았다. 그의 북벌은 촉나라를 지키는 장기적인 목표를 실행하는 과정이었기에 눈앞의 승리만을 중요시하지 않았다. 제갈량의 북벌은 처음부터 이와 같은 목적에서 이루어진 것이었기에 그가 살아 있을 때는 촉나라의 안정을 지킬 수 있었다.

사람은 누구나 눈앞의 이익을 먼저 생각한다. 이는 지극히 자연스러운 심리 현상이다. 하지만 눈앞의 이익에만 쉽게 마음을 뺏긴다면 장차 다가올 더 큰 이익을 차지하지 못하고 몸과 마음의 상처만 입기 십상이다. 한 국가나 조직의 리더는 이익을 다루는 능력이 뛰어나야만 한다. 이를 위해서는 단기적인 이익에 연연하지 않고 장기적인 목표와 가치를 볼 줄 아는 통찰력과 판단력이 필요하다.

"지금 천하는 어지럽고 황제의 권위는 땅에 떨어졌습니다. 공은 황실의 종친이니 진실로 힘을 다해 사직을 바로잡아 세워야 할 것이오. 이 늙은이는 나이도 많고 무능해서 서주를 물려드리려는 것이니 공은 사양하지 마시오."(도겸)

"제가 비록 한 황실의 후예이기는 하나 공도 없고 덕도 적습니다. 이번에 온 것은 대의를 위하여 도와드리러 온 것인데, 공께서 그런 말씀을 하시니 혹 '유비가 남의 땅을 빼앗으려는 마음을 품고 있지 않을까' 하고 의심하시는 것이 아니옵니까? 만일 그런 생각을 가졌다면 하늘이 돕지 않을 것입니다."(유비)

서주목 도겸의 부하 장수가 조조의 부친과 식구들을 죽이자 조조는 부친의 원수를 갚기 위해 서주를 공격하였다. 이에 유비가 도겸을 돕고자 서주로 왔다. 유비가 조조에게 화해를 요청하는 편지를 보냈지만 조조는 꿈쩍도 하지 않았다. 그런데 때마침 여포가 조조의 근거지인 연주를 공격한다는 급보를 받자 조조는 유비의 편지에 화답하는 형식으로 생색을 내고 연주로 돌아갔다. 서주목 도겸은 조조가 물러가자 너무 기뻤다. 성대한 연회를 열고 유비를 만났다.

도겸은 유비의 당당한 풍채와 활달한 말솜씨에 푹 빠졌다. 더욱이 유비가 황실의 종친이니 더더욱 서주를 넘겨 주고 싶었다. 모두의 앞에서 서주를 맡아달라고 하였지만 유비는 사양하였다. 도겸은 유비가 받지 않는다면 죽어도 눈을 감지 못할 것이라고도 하였다. 그러나 유비의 마음은 변함이 없었다. 유비는 언제나 자신에게 발 디딜 터전만 있으면 천하를 호령할 것이라고 말하였다. 그런 유비가 서주를 사양한 것은 유비 나름대로 이유가 있었기 때문이다.

유비 역시 조조를 능가하는 영웅이다. 그런 그가 야망이 없을 수 없다. 그럼에도 받아만 달라고 애걸하는 서주를 받지 않은 것은 그가 서주를 지킬 수 없다는 판단이 섰기 때문이다. 지금 서주를 차지하는 것은 잠깐의 이익은 있을지언정 얼마 가지 못해 여포나 조조에게 쉽게 잃을 게 뻔한 일이었다.

유비가 도겸에게서 물려받은 땅을 지키지 못하고 빼앗긴다면 차라리 서주를 차지하지 아니함만 못한 것이다. 더욱이 자신의 정치적 바탕인 민심마저도 잃게 된다. 그럴 바에는 차라리 인의(仁義)를 내세워 사양함으로써 민심이라도 자신의 편으로 만드는 것이 장기적으로 더 큰 이익을 얻는 것이다. 이처럼 유비는 눈앞의 작은 이익보다는 장기적인 목표와 대의

명분으로 민심을 차지하였다. 그리하여 민심이 유비의 편이 되자 유비는 서주목이 아닌 촉나라의 황제가 될 수 있었던 것이다.

일찍이 공자께서도 작은 이익만 좇다 보면 큰일을 놓친다고 하였다. 따라서 이익이 앞에 있을 때마다 성현의 말씀을 되새기는 습관이 필요하다.

"급하게 성과를 내려고 하지 말라. 작은 이익을 추구하지 말라. 급하게 성과를 내려고 하면 전체적으로 통달할 수 없고 작은 이익을 추구하다 보면 큰일을 이루지 못한다."

살아남는 자가 승리자다

'중달(사마의)! 기왕 대장이 되어 중원의 군사를 이끌고 왔으면 갑옷을 걸치고 무기를 들고 자웅을 가릴 생각은 않고 기꺼이 땅굴 속 둥지에 틀어박혀 칼날과 화살을 피하고 있으니 여자들과 또한 무엇이 다르겠는가. 이제 부인들이 쓰는 두건과 흰옷을 보내니 나와서 싸우지 않겠으면 두 번 절하고 받게나. 만일 부끄러운 마음이 조금이라도 남아 있고 아직 사내다운 기개가 있다면 빨리 답장을 주게. 날짜에 맞춰 싸우러 가겠네.' (제갈량의 편지)

호로곡에서 죽음을 모면한 사마의는 전 군사에게 다시 나가 싸우자는 사람이 있으면 목을 치겠다는 명령을 내렸다.

모든 장수는 명령을 받자 각자의 자리를 지키고 나가지 않았다. 제갈량은 오장원에 영채를 세우고 여러 차례 군사를 보내 싸움을 걸었지만 위나라 군사들은 굳게 지키기만 할 뿐, 대응하지 않았다.

 제갈량은 부인들이 쓰는 두건과 흰 비단으로 짠 여자 옷 한 벌을 큰 합에 담고 편지 한 통을 써서 위군 본영으로 보냈다. 사마의는 편지를 보자마자 속으로 크게 화가 났지만, 겉으로는 태연하게 너털웃음을 치며 편지를 가져온 사자를 정중하게 대접하였다. 위군은 제갈량이 사마의에게 두건과 부녀자의 옷을 보내 모욕한 것을 알고는 모두 분개하여 사마의에게 싸우자고 주장하였다. 그러자 사마의가 조예에게 표를 올려 전투 여부를 물었다. 조예는 사마의의 마음을 읽고 '싸우자고 하는 자는 즉시 처형하라.'라는 조칙을 내렸다.

 사마의가 보통의 장수라면 크게 자존심이 상하고 흥분해서 뛰쳐나갔을 것이다. 그와 함께 곧바로 제갈량의 계략에 걸려들었을 것이다. 하지만 사마의도 제갈량을 능가하는 고수이다. 오히려 제갈량의 의도를 뛰어넘는 기지를 발휘한다.

결국, 제갈량은 건강 악화로 죽고 사마의는 자신의 최대 맞수를 이기고 최후의 승자가 된다.

사마의가 제갈량과의 대결에서 승리할 수 있었던 것은 그의 끈질긴 인내심 덕분이었다. 사마의의 인내는 그냥 잠깐 참는 것이 아니라 '지독할 정도로' 참는 것이다. 그것도 상대편이 지쳐 포기하거나 관심마저 내려놓을 정도의 인내심이다. 이는 아무나 할 수 없는 것이다. 또한 이러한 끈질긴 인내는 반드시 상대편의 허실을 파악하고 이에 맞는 철저한 준비가 포함된 인내이다.

그런데 사마의의 이러한 전략을 아무도 알아채지 못한다. 그것은 사마의의 행동에 항상 자신을 지키는 겸손함이 배어 있기 때문이다. 사마의에게 있어 인내는 참을수록 강해지는 힘이며 이러한 힘은 단 한 번의 기회가 왔을 때 경쟁자에게 결정타를 날릴 수 있는 최고의 무기로 변하는 것이다.

사마의 처세의 기본은 자세를 낮추고 공을 윗사람에게 돌리는 것이다. 항상 겸손한 언행과 표정으로 그를 미워하는 자가 경계심을 품지 않게 하는 것이다. 조조의 사촌인 조진은 항상 사마의를 경계하였다. 이를 안 사마의는 조진과 맞서는 대신, 모든 자리를 조진에게 양보하였다. 눈앞의 자리에 연연하지 않았다. 그 대신 그의 특기인 끈질긴 인내심으로 미래를 설계하였다.

조진의 아들인 조상과의 관계도 이와 마찬가지였다. 조상이 사마의를 경계하여 그의 권력을 빼앗고자 하였다. 그래서 사마의의 벼슬을 올려 태부에 임명하고 모든 병권은 대장군인 자신이 차지하였다. 사마의는 병을 핑계로 은퇴하여 고향으로 갔다. 고향에서 아들들에게 경거망동하지 말고 겸손하게 처신할 것을 지시하였다. 자신도 병이 깊은 환자처럼 행동하였다. 조상은 사마의가 진짜로 아픈 것인지 확인하기 위하여 자신의 심복인 이승을 형주자사로 임명하고 사마의에게 하직 인사를 하면서 동태를 살펴보도록 하였다.

"한동안 태부를 뵙지 못했는데 병세가 이렇게 깊으신 줄 누가 알았겠습니까. 천자께서 저를 형주자사로 명하시어 특별히 하직 인사를 드리러 왔습니다."(이승)
"병주는 북쪽에 가까우니 방비를 잘해야 할 것일세."(사마의)

"형주자사입니다. 병주가 아닙니다."(이승)

"태부께서는 귀가 어두워지셨습니다."(사마의 시종)

"이제 나는 늙고 병까지 위독하여 언제 죽을지 모르는 형편이네. 두 자식이 불초하니 자네가 잘 지도해 주기 바라네. 만약 대장군을 뵙거든 두 자식을 돌봐 주시기를 천 번 만 번 바란다고 전해 주시게."(사마의)

사마의는 이승이 찾아왔다는 보고를 받자 즉시 조상의 생각을 간파하고 병세가 깊은 것처럼 꾸몄다. 이승은 사마의의 연기에 감쪽같이 속아 넘어갈 수밖에 없었다. 조상은 이승의 말을 듣고는 앓던 이가 빠진 듯이 기뻤다. 황제와 함께 편안하게 사냥을 나갔다. 그러자 사마의는 이제까지 참았던 인내심을 떨치고 번개처럼 일어나 조상의 일가를 처단하고 권력을 장악하였다.

사마의는 지독할 정도의 인내심으로 경쟁자의 마음을 누그러뜨리고 단 한 번의 기회가 왔을 때 놓치지 않은 것이다. 사마의가 장악한 권력은 자식들과 손자에게로 이어져 위나라는 결국 사마염의 진나라에게 황제의 자리를 물려 준다.

겸손과 인내를 무기로 한 사마의가 삼국 시대 최후의 승리자가 된 것이다.

인생에서 반환점을 돌면 조급한 마음이 생기기 쉽다. 왜냐하면 가정과 직장 생활에서 권한은 작고 책임은 큰 때이기 때문이다. 아울러 모든 일에 버거움만 더해지는 것 같아 몸과 마음은 지쳐만 간다. 상대적으로 동료들은 무언가 새롭고 좋은 일들을 이야기하며 희망에 들떠 있는 것 같다. 내게도 달콤한 유혹이 다가와 좋은 기회라고 속삭인다. 이번이 마지막 남은 좋은 기회라고 힘주어 말한다. 유혹은 언제나 감미롭고 달콤하다. 하지만 정신을 차리는 순간, 내가 가고자 한 길에서 멀리 벗어나 있기 쉽다. 따라서 눈앞의 유혹에 휩싸이는 것을 경계하고 자신의 목표를 향해 꾸준히 성장하는 끈기와 인내가 필요하다. 눈앞의 이익만 좇다 보면 행복하게 설계한 인생을 망칠 수 있기 때문이다.

중년의 시기는 원대한 목표를 이루기 위한 길을 나서는 때이다. 이를 위해서는 '돌다리도 두드려 보고 건너라.'라는 속담처럼 조급해하지 말고 자신만의 길을 가야 한다. 사마의는 예순이 넘은 나이에 결단을 내리고 위나라를 자신의 것으로 만들었다. 따라서 중년은 아직도 기회를 만들 수 있는 시기이다. 기회가 왔을 때 실력을 발휘할 수 있도록 준비하자. 어떤 승리도 최후까지 살아남는 자가 차지하는 것이다.

3

뜻을 세운 자만이 길을 만든다

용기

勇氣

세상은 어떻게 움직이는가

"천하가 어지럽고 반란과 반역이 끊이질 않는 것은 상시(常侍) 장양 등이 사람이 지켜야 할 도리를 업신여기기 때문이라고 합니다. 신이 듣자 하니 '끓는 물을 식히려면 불부터 빼야 하고 고름을 짜는 것이 아프지만 속에서 곪는 것보다는 낫다.'라고 하였습니다. 신이 징과 북을 울리며 낙양으로 들어가는 것은 장양 등을 응징하려고 하는 것이니 이는 사직은 물론 천하를 위해서도 다행한 일이 될 것입니다."(동탁)

후한 말은 황제의 권위가 땅에 떨어지고 환관들이 정치를 좌지우지하였다. 열 명의 상시(十常侍)가 번갈아가며 조정을 농락하고 부패를 일삼았다. 대장군 하진이 이들을 없애려고 하였다. 이러한 사실을 눈치챈 서량자사 동탁은 자신의 야심을 이루기 위하여 사직을 시킨다는 명분으로 군사를 일으켰다. 그리고 낙양 근처에 군사를 주둔시키고 때를 기다렸다.

그런데 대장군 하진이 십상시의 선제공격에 죽고 말았다. 그러자 원소가 군사를 몰고 궁궐을 침입해 십상시를 처단하였다. 이 과정에서 황제인 소제는 피난하고 궁궐은 아수라장이 되었다. 기회를 잡은 동탁은 곧바로 군사를 이끌고 텅 빈 궁 안으로 들어가 힘들이지 않고 권력을 장악하였다.

동탁은 황실을 지킨다는 명분을 내세워 군사를 움직였다. 하지만 그가 내세운 명분은 자신의 야심을 달성하기 위한 거짓이었다. 그는 권력을 장악하자마자 본심을 드러냈다. 소제를 폐하고 진류왕을 황제로 세웠다. 자신은 상국(相國)이 되어 황제를 뛰어넘는 무소불위의 권력을 휘둘렀다. 궁녀들을 간음하고 황제가 앉는 자리에서 잤다. 백성들의 마을을 습격하여 장정들을 죽이고 여자와 재물을 싣고 와서는 도적을 죽였노라고 큰소리쳤다. 몇몇 신하가 동탁의 잘못을 말하면 화를 내며 호통쳤다.

"천하의 일은 내 손 안에 있다. 내가 하려는데 어느 놈이 감히 거역하느냐!"(동탁)

서기 2세기인 후한 말에는 위선(僞善)이 판을 친 시대였다. 겉으로는 군자인 양, 착한 사람인 양 모두를 안심시키고 속으로는 딴마음을 품었다. 난세에는 힘 있는 군벌들이 저마다 천하를 차지할 야망을 품는다. 이들은 모두 하나같이 '역적을 처단하고 황실을 부흥시킨다.'라는 그럴듯한 대의명분을 앞세운다. 동탁이 운 좋게 첫 번째로 권력을 잡았을 뿐이다. 그런데 동탁이 공포 정치를 실시하자 모든 군벌은 '동탁 타도'를 외쳤다. 자신들의 야심을 숨긴 채 공공의 적이 된 동탁을 처단하는 일이 곧 이들의 대의명분이 된 것이다.

유비는 항상 자신을 황실의 후손이라고 하였다. 입만 열면 인의(仁義)를 내세우며 한나라의 황실 부흥을 외쳤다. 이는 그가 정치적인 입지를 다지기 위해 내세운 대의명분에 불과하다. 또한 군자적 풍모를 지닌 정치가로 보이기 위하여 어질고 온후한 이미지를 내세웠다. 민심을 얻기 위해서는 백성들이 보는 앞에서 눈물도 흘렸다. 유비도 다른 군벌들과 마찬가지로 '천하 차지'라는 야망을 달성하기 위하여 거짓 행동을 한 것이다.

유비는 조조도 인정한 영웅이다. 조조가 금수저였던 반면, 유비는 흙수저였다. 이러한 유비가 난세에 정치적인 입지를 강화하기 위해서는 조조라는 강력한 영웅과 어깨를 겨루는 경쟁자라는 관계를 형성하는 것이 필요하다. 이를 가장 빠르게 달성하는 방법은 조조가 행동하는 것과 정반대로 행동함으로써 조조와 대등한 위치에 오르는 것이다.

"지금 나와 조조의 관계는 마치 물과 불처럼 맞서고 있소. 조조가 빨리하면 나는 늦게 하고 조조가 사납게 굴면 나는 자애롭게 굴고 조조가 거짓말을 하면 나는 정직한 말을 하는 등 처음부터 끝까지 조조와 반대로 하면 일은 달성될 것이오."(유비)

조조는 난세의 간사한 영웅으로 불렸다. 조조 역시 천하 통일이라는 야망을 달성하기 위해 남을 속이고 수시로 자신의 말과 행동을 바꿨다. 여러 겹의 가면을 쓰고 자신의 속내를 알아채지 못하도록 하였다. 자신의 정치적 목적을 달성하기 위해서는 교활하고 냉혹하였다. 이는 조조 스스로가 '나의 자방'이라고 칭송하던 참모 순욱과의 관계를 보면 잘 알 수 있다.

순욱은 조조에게 필요한 책략을 짜고 세력을 확장하는 데 큰 공헌을 하였다. 그런데 조조가 승상에 만족하지 않고 황제의 자리를 넘보자 순욱이 반대하였다. 이때부터 조조는 순욱을 멀리하였다. 순욱도 이를 알아차리고 병을 핑계로 나오지 않았다. 조조가 사람을 시켜 순욱에게 음식 한 합(盒)을 보냈다. 순욱이 합을 열어 보니 아무것도 들어 있지 않았다. 순욱은 그 뜻을 알고 독약을 먹고 자결하였다. 조조의 행동은 겉으로는 순욱을 위로하는 것처럼 꾸미고 속으로는 순욱에게 자결하도록 강요한 것이다. 이처럼 조조의 정치적 술수는 다른 사람들에 비해 훨씬 뛰어났다.

위선적인 행동은 유비와 손권도 마찬가지였다. 유비가 '황실 부흥'을 외치며 위선적인 행동을 했다면, 손권은 '국가 안정'이라는 정치적 목표를 달성하기 위하여 위선적인 행동을 강화하였다.

"나나 승상이나 모두 한나라의 신하이거늘 어째서 승상은 나라를 위하고 백성을 편히 할 방책은 생각지 않고 멋대로 전쟁을 일으켜 살아 있는 것들을 못살게 하니 이것이 어찌 어진 자의 행동이라 할 수 있겠소. 계신 곳은 며칠 안에 물이 차오를 테니 속히 물러가는 게 좋을 것이오. 만약 내 말을 듣지 않고 있다가는 적벽에서의 재앙을 다시 맞게 될 것이니 잘 판단하여 진행하시리라 믿소. 그대가 죽지 않으니 나는 정말 편안히 잠잘 수가 없소이다."(손권이 조조에게 보낸 편지)

손권은 외교적으로는 유비와 동맹을 체결하면서도 항상 자신의 세력을 확장하기 위해 조조와의 관계를 개선하려고 노력하였다. 손권은 유비가 형주를 돌려주지 않자 무력으로 빼앗으려고 하였다. 그런데 조조가 적벽에서의 패배를 갚기 위해 대군을 이끌고 다시 쳐들어왔다.

조조와 손권은 일진일퇴의 공방전을 펼치며 시간을 끌었다. 어느덧 해를 넘기고 장마철이 되었다. 조조도 승산 없는 싸움을 멈추고 싶었지만 손권에게 비웃음을 사는 것이 싫어 멈출 수 없었다. 손권도 형주 차지가 급한 때에 손해만 커져

갔다. 이에 손권이 조조의 체면을 세워 주는 편지를 보냈다. 그러자 이를 간파한 조조도 웃으며 철군을 하였다. 이처럼 손권도 유비에게 자신의 진정한 의도를 숨기고 다양한 외교적 전략을 통해 자신의 권력을 강화하고 국가를 안정시키려고 하였다.

위선과 가면은 인간 사회 어느 곳에서나 존재한다. 인간은 누구나 겉으로는 도덕적이고 바람직한 행동을 보여 주지만, 실제로는 자신의 이익과 권력을 위해 비도덕적인 행위를 하는 경우가 많기 때문이다. 일찍이 공자도 '말을 달콤하게 하고 보기 좋은 표정을 짓는 사람들 가운데 어진 사람은 드물다(巧言令色, 鮮矣仁)'라며 이러한 사람을 경계하라고 충고하였다.

위선은 일이 마음먹은 대로 되지 않을 때 더욱 활기를 띤다. 특히, 익명성이 보장되는 현대 사회에서는 위선과 가면이 인터넷을 타고 더욱 번성하고 있다. 인터넷의 익명성은 자유로운 의사 표현의 장소를 제공하지만, 한편으론 그 속에 감춰진 비도덕적이고 야만적인 행위는 인간의 본성 자체를 말살하는 도구가 될 수 있다. 스스로가 위선적인 행동을 자제하고 경계하는 것이 행복한 삶의 원동력이 될 것이다.

창조할 것인가, 계승할 것인가

"지난번에 쌓아 두었던 목재와 서천에서 사들인 큰 나무로 사람들을 시켜 목우(木牛)와 유마(流馬)를 만들고 있다. 군량을 운반하는 데 매우 편리할 것이다. 목우와 유마는 모두 물도 마시지 않으니 밤낮 없이 운반할 수 있을 것이다."(제갈량)

제갈량은 사마의와 밀고 밀리는 공방전을 펼쳤다. 사마의도 제갈량에 버금가는 전략가여서 제갈량의 생각처럼 호락호락 넘어가지 않았다. 제갈량이 사마의를 무찌르려면 보다 창의적인 전략이 필요하였다. 제갈량은 호로곡을 살펴보고 돌아와 사마의를 무찌를 계략을 세웠다. 목수를 시켜 나무로 군량 수송에 필요한 소와 말을 만들게 하였다. 나무로 만든 목우와 유마는 사료도 필요 없을 뿐 아니라 절벽 길도 걱정 없이 다닐 수 있었다. 군사들은 어느 때나 군량을 옮겨 올 수 있어서 걱정이 없었다.

사마의가 이를 알고 촉군의 목우와 유마를 빼앗아 똑같이 만들었다. 그러고는 위나라 군사들에게 군량을 운반하도록 하였다. 그런데 위나라 군사가 만든 목우와 유마에 문제가 생겼다. 갑자기 멈춰 선 것이다. 사마의는 기가 막혔다. 분명 제갈량이 만든 것과 똑같이 만들었는데 어째서 움직이지 않는 것일까?

제갈량은 자신이 만든 목우와 유마를 사마의가 똑같이 만들어 사용할 것을 알았다. 그래서 제갈량만이 알 수 있는 특별한 장치를 만들어 두었다. 그것은 목우와 유마를 움직이지 못하도록 하는 것이었다.

"너희들은 위군으로 변장하고 밤을 이용해 위군의 군량 수송대로 섞여 들어가라. 그리고 기회를 봐서 그들을 무찌르고 목우와 유마를 몰고 와라. 위군이 추격해 오면 즉시 목우와 유마의 혀를 비틀어 버려 두고 달아나라. 위군이 와서

끌고 가려고 해도 가지 못할 것이니 그들이 난감해할 때 다시 공격하여 물리친 후 혀를 원래대로 되돌려 놓고 재빨리 끌고 와라. 그러면 위군은 귀신에 홀린 듯이 의아해할 것이다."(제갈량)

제갈량이 만든 목우와 유마의 비밀은 바로 입속의 혀에 있었다. 이러한 비밀을 모르는 사마의는 제갈량의 창의적인 전략에 말려들어 전투에서 제일 중요한 군량만 빼앗기고 말았다. 제갈량은 사마의가 자신의 계책을 예측할 수 없게 만들어 전투에서 승리하였다. 제갈량이 뛰어난 경쟁자인 사마의를 물리칠 수 있었던 것은 이미 사용하던 방법으로 이긴 것이 아니다. 사마의가 알 수 없는 새로운 방법을 창조하여 이긴 것이다.

새로운 것을 창조하는 것은 언제나 남들이 생각하지 못하는 창의적인 생각을 바탕으로 한다. 그런데 창의적인 생각은 그냥 나오는 것이 아니라 전통적인 지혜를 바탕으로 한다. 또한 어떤 상황에서도 열린 생각으로 접근할 수 있는 능력을 갖췄기에 가능한 것이다.

"만약 강동의 군사를 일으켜 양쪽 군사가 대치하는 가운데 가장 좋은 시기와 방법을 결정하여 천하와 우열을 다투는 일이라면 네가 나만 못하다. 그런데 훌륭한 인재를 발탁하고 유능한 사람에게 맡기어 각자 성심성의껏 강동을 보호하게 하는 일이라면 내가 너만 못하다. 그러니 너는 아버지와 형이 얼마나 어렵게 창업한 것인지를 잊지 말고 스스로 알아서 잘 도모해야 한다."(손책)

손권의 형인 손책은 용맹함만 믿고 몸을 가벼이 하다가 허공의 자객에게 공격을 당해 26살에 요절하였다. 18살인 손권이 형의 유업(遺業)을 이어받았다. 손권은 형이 물려 준 행정과 군사 체제를 그대로 계승하였다. 그러자 강동의 권력을 대표하는 장소와 주유가 신하의 예로 손권을 대하였다. 이에 모두가 손권을 인정하고 주군으로 모셨다.

손권은 기존의 체제를 계승하여 빠르게 정치적 통합을 이루고 국가를 안정시켰다. 밖으로는 유비와의 동맹뿐 아니라 조조와도 적절한 외교 관계를 유지하며 안정적인 통치를 하였다. 이처럼 손권은 발전적인 계승을 통해 선대(先代)가 물려 준 강동의 땅을 잘 보존할 수 있었다. 전통적인 지혜는 대대로 계승된다. 따라서 새롭게 창조하는 것만큼 전통적인 지혜를 계승하는 것도 중요하다.

조선의 실학자인 연암 박지원은 18세기에 청나라를 다녀왔다. 그는 조선이 오랑캐라 치부하며 멸시하는 청나라의 발전상을 직접 확인하고는 충격에 빠졌다. 더 나아가 현실을 외면한 채 허위 의식에 빠져 있는 당시의 세태를 비판하였다.

"아! 옛것을 본받은 이는 옛 자취에만 얽매이는 것이 병이고 새로운 것을 만드는 이는 그 근거가 없음이 걱정이다. 만약 옛것을 본받되 변화시킬 줄 알고 새로운 것을 만들되 근거로 삼을 것이 있다면, 지금의 글이 옛날의 글과 같은 것이다."

연암의 이 말에서 '옛것을 본받아 새로운 것을 창조한다.'라는 '법고창신(法古創新)'이라는 사자성어가 나왔다. '온고지신(溫故知新)'은 '옛것을 익히고 새로운 것을 안다.'라는 뜻이다. '법고창신'은 이에서 한 걸음 더 나아가 '옛것을 바탕으로 새로운 것을 만들어 내는 것'을 말한다. '온고지신'이

'옛것을 계승하여 다음 세대로 전한다.'라는 의미라면, '법고창신'은 '옛것을 알고 그것에 새로운 지식이나 생각을 불어넣어 시대에 맞는 것으로 새롭게 변화시킨다.'라는 의미라고 할 수 있다.

> "제갈량이 펼친 것은 팔괘진으로, 너희 세 사람은 정동쪽으로 쳐들어가 서남쪽으로 나오고 다시 정북쪽으로 쳐들어가야 이 진법을 깨뜨릴 수 있다. 너희들은 잊지 말고 조심하라!"(사마의)
>
> "내가 너희들을 놓아 줄 터이니 돌아가 사마의를 보거든 그에게 다시 한번 병서(兵書)를 읽고 공부한 다음에 와서 자웅을 가려도 늦지 않을 것이라고 알려라!"(제갈량)

제갈량이 사마의와 대결을 하고 싶었지만, 사마의는 제갈량의 뜻대로 응하지 않고 수비에만 치중하였다. 그러자 제갈량이 사마의에게 전술 대결을 벌이자고 하였다. 사마의가 먼저 혼원일기진을 펼치자 제갈량이 쉽게 맞췄다. 제갈량이 팔괘진을 펼치자 사마의도 금방 알았다. 제갈량은 웃으며 사마의에게 팔괘진을 공격해 보라고 하였다. 사마의는 팔괘진의 공략법을 잘 알고 있었다. 그래서 부하들에게 공략법을 알려주고 공격하도록 하였다.

  제갈량은 사마의가 팔괘진 공략법을 알고 있을 것에 대비하여 제갈량만의 독창적인 진법을 만들었다. 적들이 팔괘진을 부수려고 쳐들어오면 팔괘진이 수시로 변화하여 도저히 빠져나갈 수 없도록 하였다. 사마의는 자신이 알고 있는 것만을 생각하고 자신 있게 공격하였지만 제갈량이 새롭게 창조한 팔괘진에 걸려 꼼짝없이 패배하고 말았다.

  새로운 것을 창조한다고 해서 무작정 옛것을 버려서는 안 된다. 옛것이 바탕이 되어야만 새로운 시대와 변화에 맞는 창조가 될 수 있다. 근본을 잃지 않는 창조가 시대의 변화에 부응하는 것이다. 이처럼 창조와 계승은 각각 별개의 것이 아닌 떨어질 수 없는 보완 관계에 있는 것이다. 즉, 어느 것에 더 집중하느냐의 문제인 것이다.

지혜로운 새는 아무 곳이나 앉지 않는다

봉황은 천길 높이 날지언정 오동이 아니면 앉지를 않고
선비는 구석에 숨을지언정 주인이 아니면 섬기지 않네.
몸소 즐겁게 밭이랑 갈며 나는 나의 오두막을 사랑하나니
잠시 거문고와 서책에 정붙이며 천하의 때를 기다리네.
(제갈량)

유비는 일찍이 수경 선생 사마휘를 만나 제갈량과 방통 중 한 명이라도 참모로 삼으면 천하를 얻을 수 있다는 말을 들었다. 그 후 유비는 서서를 참모로 삼았다. 조조는 서서의 모친이 자기 영역에 있다는 것을 알고는 모친의 필체를 흉내 내어 서서를 자기 쪽으로 불렀다. 서서는 지극한 효자였다.

그가 유비를 떠나기 전 제갈량이 있는 곳을 알려 주며 반드시 직접 찾아가서 초빙하라고 단단히 부탁하였다.

유비는 이참에 제갈량을 자신의 참모로 영입하고 싶었다. 두 아우를 데리고 제갈량이 살고 있는 산골의 초가를 찾았지만 만나지 못하였다. 두 번째도 마찬가지였다. 유비는 다시 날을 잡아 제갈량을 찾아갔다. 장비가 화를 냈지만, 유비는 아랑곳하지 않았다. 오히려 그런 장비를 꾸짖었다. 유비는 생각하였다. '천하통일을 위한 참모를 영입하는 일이라면 백 번이라도 찾아가리라.'

제갈량은 초가에서 농사를 지으면서 자신의 웅지를 펼칠 수 있는 영웅을 두루 살폈다. 유비가 적임자였다. 하지만 스스로 유비에게 가는 것은 싫었다. 그 전에 유비의 인품 됨됨이가 어떠한지 직접 확인하고 싶었다. 그래서 유비가 찾아오게 하였다. 제갈량은 유비가 자신을 방문하는 과정에서 유비의 행동과 인격, 정치관과 비전 등을 자세히 관찰하였다. 제갈량은 지혜로웠기에 자신이 모실 만한 인물인지를 철저하게 살폈다. 신중한 제갈량은 세 번에 걸쳐 유비의 됨됨이를 살피고 나서 자신의 판단에 흡족한 듯이 즉흥 시를 읊었다.

큰 꿈을 누가 먼저 깨달았는가.
평생을 나 스스로 알았노라.
초당에서 봄 잠을 흡족히 잤건마는
창밖의 해는 더디기만 하구나.

유비는 고대하던 제갈량을 만나자 곧바로 자신의 정치적 포부를 밝혔다. 제갈량은 유비에게 세상 돌아가는 형세를 분석한 후 그 유명한 '천하삼분계책'을 설명하였다. 두 사람은 처음 만났지만 이미 오래전부터 서로를 믿고 의지하는 정치적인 동지처럼 느꼈다. 유비는 제갈량에게 난세에 가엾은 백성을 살리는 일에 적극적으로 나서 주기를 간곡하게 부탁하였다. 마침내 자신이 앉을 곳임을 확신한 제갈량이 말하였다.

"장군께서 그토록 아껴 주시니 견마지로(犬馬之勞)를 다하겠습니다."

유비는 제갈량을 참모로 영입한 후 틈만 나면 '수어지교(水魚之交)'임을 자랑하였다. 물과 물고기의 관계처럼 떨어질 수 없는 아주 친밀한 사이라고 말이다. 이는 유비와 제갈량의 생각이 같았기 때문이다. 서로가 같은 생각을 하고 있으니 유비는 제갈량을 누구보다 아끼고 제갈량은 자신을 알아주는 유비에게 헌신하게 된 것이다.

공자는 「논어」에서 '군자는 정의(義)를 보고 행동하고 소인은 이익(利)을 보고 행동한다.'라고 하였다. 지혜로운 사람은 의로움을 파악하고 행동하지만 어리석은 사람은 눈앞의 이익만을 보고 행동한다는 것이다. 매사 신중한 판단과 올바른 선택이 중요한 것이다. '선비는 자신을 알아 주는 사람을 위하여 목숨을 바친다.'라는 속담이 있는데, 이는 제갈량이 유비를 대하는 마음을 표현한 것이라고 할 수 있다.

"무릇 지혜로운 자는 신중하게 자신의 주인을 선택해야만 만사를 온전히 할 수 있고 공명도 세울 수 있소. 원소는 한낱 어진 선비에 대한 예우만 모방할 뿐, 사람을 쓰는 요체는 모르오. 잡무에 신경 쓰느라 요점이 없고 계획을 세우는 것은 좋아하지만 결단하지 못하오. 그와 함께 천하대란을 구하여 패왕의 공업을 이루는 것은 지극히 어려운 일이오. 나는 장차 새로운 주인을 찾아 나서려고 하니 그대들도

함께 가지 않겠소?"(곽가)

　곽가는 원소를 만나 자신이 의탁할 만한 인물인지를 살펴보았다. 그런데 한 번 만나 보고는 자신이 모실 만한 인물이 아니라는 것을 알았다. 원소를 모시는 참모들에게도 알렸지만 듣지 않았다. 원소가 강력한 세력을 가지고 있던 반면, 조조는 신진 세력에 불과하였다. 그런 조조가 곽가를 부르자 곽가는 주저 없이 조조에게로 갔다. 27살의 곽가는 조조와 마주 앉아 천하 대사를 논하였다. 곽가의 나이는 제갈량이 삼고초려한 유비를 만났던 나이와 같았다. 조조와 곽가는 대화를 나눈 후 서로 기뻐하였다.

"나에게 대업을 이루게 해 줄 인물은 반드시 이 사람일 것이다!"(조조)

"조공이야말로 참으로 나의 주군이다!"(곽가)

　조조는 곽가를 참모로 영입한 후 중요한 논쟁 상황이 발생할 때마다 곽가의 의견을 경청하였다. 모두가 유비를 죽여 후환을 없애라고 할 때 곽가는 어진 사람을 죽였다는 오명을 쓰면 천하의 인재들이 등을 돌릴 것이라고 반대하였다. 조조가 원소와의 전투를 앞두고 걱정하고 있을 때는 원소의 열 가지 단점과 조조의 열 가지 장점을 비교하며 승리를 장담하였다. 조조가 원소 일가를 뿌리뽑기 위하여 오환 원정에 나설 때도 곽가는 공손씨와 원씨는 오래전부터 원수지간임을 알고 정확한 전략을 제안하였다. 이처럼 곽가는 언제나 조조가 승리하는 계략만을 제안하였다. 이러한 곽가이기에 조조가 적벽대전에서 패하자 이미 요절한 곽가를 애타게 그리워하였던 것이다.

중년의 나이는 자신의 꿈을 가꾸고 목표한 방향으로 나아갈 수 있도록 노력하는 시기이다. 이를 위해서는 뜻이 같은 사람과 함께하는 것이 좋다 하지만 신망 있고 의지가 굳세며 평생을 함께할 만한 동지를 찾는 것은 어렵다. 그렇다고 걱정할 필요는 없다. 제갈량과 곽가처럼 사람을 보는 눈과 지혜를 기른다면 진정한 수어지교를 만날 수 있을 것이다.

인생의 목표 달성에 필요한 파트너는 어떤 사람이어야 하는지, 나는 그런 파트너가 될 수 있는지 생각해 보세요.

때가 왔음을 알고 그때를 놓치지 말라

"형님! 이번 출정은 왜 이렇게 급하게 서두르십니까?"(장비)
"나는 그동안 새장 속의 새였고 그물 속의 고기였다. 이번 출정은 바로 새가 하늘로 날아가고 고기가 바다로 들어가는 것이니 어찌 서두르지 않겠느냐."(유비)

조조는 유비도 자신 못지않은 야망을 가지고 있다는 것을 알았다. 참모들은 이러한 유비를 미리 제거하여 후환을 없애는 것이 좋다고 하였다. 하지만 조조의 생각은 달랐다. 유비는 황제의 후손을 자처하며 민심을 얻고 있다. 이러한 자를 처단한다면 민심은 조조에게서 더욱 멀어질 것이다. 조조는 유비를 황제의 숙부로 인정하였다. 조조 역시 대외적으로 어진 인물이라는 것을 알려 줄 필요가 있었기 때문이다. 그런데 한 가지 조건이 붙었다. 유비가 자신의 근거지인 허창에서 한 걸음도 나갈 수 없게 하였다. 허창은 유비에게 평안하고 행복한 곳처럼 보였지만 사실은 창살 없는 감옥이었던 것이다.

 유비가 긴장 속에서 지낼 때 중대한 일이 발생하였다. 헌제가 조조의 핍박을 참을 수 없어 비밀리에 혈서로 조조를 제거할 것을 명령하였다. 헌제의 장인인 거기 장군 동승이 밀명(密命)을 받아 은밀하게 뜻을 같이 하는 자들을 모았다. 시랑(侍郎) 왕자복, 장군(將軍) 오자란, 장수교위(長水校尉) 충집, 의랑(議郎) 오석, 서량태수(西涼太守) 마등이 서명하였다. 마등이 거사를 치르는 데 중요한 인물로 황숙 유비를 추천하였다. 이를 안 유비는 흔쾌히 '좌장군 유비'라고 서명하였다. 이제 세 명만 더 서명하면 조조를 제거하는 거사를 시행할 것이다.
 이후 유비는 자신의 속내를 숨기고 채소밭을 가꾸며 몸가짐을 조심하였다. 이를 모르는 두 아우는 소인들의 일이나 한다며 핀잔을 주었다. 유비는 아우들에게도 말할 수 없었기에 꼭꼭 숨겼다. 조조가 매실주를 마시자고 불러 여러모로 유비의 생각을 시험해도 잘 이겨냈다. 유비의 조심성과 인내심이 조조를 안심시켰다.

참고 기다리면 언젠가는 기회가 오는 법! 원소가 공손찬을 무찌르고 하북을 평정하였다. 그러자 원소와 원술이 힘을 합치면 공략하기 어렵다는 의견이 나왔다. 이 말을 들은 유비는 드디어 조조에게서 탈출할 때가 왔다고 생각하였다. 자신이 군사를 이끌고 길목인 서주를 지키다가 원술을 사로잡겠다고 하였다. 조조가 흔쾌히 찬성하자 유비는 그 밤으로 군마를 정돈하여 허창을 떠났다. 유비는 족쇄를 풀고 감옥을 벗어나자 날아갈 듯이 기뻤다. 이제 천하를 놓고 조조와 본격적인 승부를 겨룰 수 있다고 생각하니 겨드랑이에서 날개가 돋아나는 것 같았다.

유비가 조조의 손아귀에서 벗어나면서 유비의 미래는 중요한 전환점을 맞이한다. 자신의 세력을 재정비하고 조조와의 전투에서 승리함으로써 삼국 정립의 주인공으로 등장하였다. 이는 유비가 조조의 엄중한 감시 속에서도 때가 왔음을 인식하고 그 기회를 놓치지 않았기에 가능하였던 것이다.

만약, 유비가 이 기회를 놓쳤다면 그는 삼국 정립의 주인공으로 기록될 수 없었을 것이다. 우리는 유비의 이야기를 통해 인생에서 중요한 기회가 왔을 때는 결단력 있는 행동으로 기회를 놓치지 말아야 한다는 것을 배울 수 있다.

> "그렇다면 형과 유비의 사귐은 어떠합니까?"(장료)
> "나는 형님과 생사를 같이 하기로 한 사이오. 살아도 같이 살고 죽어도 같이 죽을 것이니 관중과 포숙의 사귐에 어찌 비하겠소."(관우)
> "옛 주인을 잊지 않고 또한 오가는 것이 분명하니 진정한 대장부이다. 너희들도 본받아야 할 일이다."(조조)

조조는 관우를 자신의 부하로 삼고 싶어 극진하게 대하였다. 조조는 사흘에 한 번씩 작은 연회를 열고 닷새에 한 번씩 큰 연회를 열어 관우의 마음을 얻고자 애썼다. 그뿐 아니라 '수정후'라는 작위도 주고 금은보화와 미녀도 주었다. 하지만 소용없었다. 적토마를 주어도 그 말을 타고 유비에게 갈 생각만 가득하였다.

관우는 조조에게 의지할 때 형님 유비가 있는 곳을 알면 언제든지 떠나겠다고 약속하였다. 조조가 관도에서 원소와 본격적인 전쟁을 앞두고 예비전을 벌였다. 이때 관우는 유비가 원소 쪽에 있다는 것을 알았다. 관우는 유비에게 달려가고 싶었지만 그럴 수 없었다. 충의의 대명사인 관우였기에 조조에게 은혜를 베풀어야만 하였다. 조조는 이러한 관우의 생각을 알았기에 싸움터에 내보내지 않았다.

그런데 원소의 장수인 안량의 공격에 조조군이 당해내질 못하였다. 결국 관우가 나아가 그의 목을 베었다. 그뿐 아니라 원소의 또 다른 장수인 문추까지 죽였다. 관우는 조조에게 은혜를 갚자 곧바로 떠날 준비를 하였다. 더 이상 조조에게 있다가는 유비에게 갈 수 없다는 것을 알았다. 안량과 문추를 죽여 공을 세운 이때가 유비에게로 갈 절호의 기회였기 때문이다. 생각이 이에 이르자 관우는 뒤도 돌아보지 않고 조조를 떠났다. 이처럼 좋은 기회는 다시 오기 어렵다는 것을 알았기 때문이다.

관우가 조조를 주인으로 모셨다면 화려한 삶과 미래가 보장되었다. 그런데도 관우는 이를 마다하고 가난한 유비에게로 갔다. 단지 의형제의 맹세를 저버릴 수 없었기 때문일까?

관우가 생각하는 유비는 그저 단순히 옆에서 모셔야 하는 그런 군주가 아니다. 관우는 자신을 유비의 분신으로 여겼다. 따라서 유비를 배신한다는 것은 생각조차 할 수 없는 것이었고 떨어져 있을수록 그를 향한 충성심은 더욱 강해질 수밖에 없었다. 조조가 지극정성으로 관우를 유혹하여도 관우의 유비를 향한 충성심을 이길 수 없었던 것이다.

"이제 장군께서 진정 유비와 힘을 합치고 마음을 다한다면 조조의 군사는 반드시 무찌를 수 있을 것입니다. 조조가 패하면 반드시 북쪽으로 돌아갈 것이고 그렇게 되면 형주와 동오의 세력이 강해질 것이니 정족지세(鼎足之勢)의 형세가 이루어질 것입니다. 성공이냐, 실패냐는 오늘에 있으며 오직 장군만이 결단하실 수 있습니다."(제갈량)

조조에게 있어서 유비는 배은망덕한 자였다. 그래서 조조는 원소를 제압하고 하북 일대를 장악하자 곧바로 유비를 공격하였다. 유비는 조조의 공격을 피해 손권에게로 갔다. 손권에게 힘을 합쳐 조조를 물리치자고 하였다. 손권은 생각하였다. 유비와 손잡지 않으면 조조와 같이 공격할 수도 있다. 그렇지 않더라도 혼자 조조를 막는 것은 성공하더라도 피해가 클 것이다. 조조에게 항복할 것인가, 대항할 것인가. 유비와 힘을 합칠 것인가, 아니면 홀로 싸울 것인가. 손권은 결단을 내려야만 하였다.

    손권은 유비와 연합하여 조조에 대항하기로 결심하였다. 손권과 유비는 조조의 위협을 함께 느꼈다. 따라서 서로 힘을 합치지 않으면 조조의 세력에 맞서기 어렵다는 것도 알았다. 더욱이 손권은 형에게서 왕권을 물려받을 때 나라를 잘 보전할 것을 주문받았다. 그 약속을 지키기 위해서라도 유비와의 연합이 필요하였다. 결국, 손권은 유비와 함께 적벽에서 조조군을 무찌르고 유업(遺業)을 이어 나갈 수 있었다.

    적벽대전에서의 승리는 조조의 천하통일 야망을 좌절시켰고 중원 대륙이 삼국으로 나뉘는 역사적 계기가 되었다. 손권과 유비의 연합은 단순한 동맹 이상의 의미가 있다. 즉, 공통의 적인 조조를 막기 위해 서로 협력할 필요성을 느끼고 그때를 놓치지 않고 결단력 있게 행동함으로써 결국 성공할 수 있었다. 손권의 이야기를 통해서도 기회가 왔을 때 결단력 있는 행동이 매우 중요하다는 것을 알 수 있다.

준비한 자만이 자신이 바라는 때를 잡을 수 있다. 때가 왔다는 것을 알아도 정확한 판단과 결단력이 없으면 의미가 없다. 때는 자주 오지 않는다. 하지만 자신이 원하는 때는 반드시 오게 마련이다. 누구보다 철저한 준비가 있어야만 때를 잡을 수 있는 것이다.

불가능이란 것도
의지에 좌우되는 것이다

"장군을 만나니 아두가 살아날 운명인 것 같습니다. 장군께서는 부디 이 아이를 살펴주십시오. 이 아이의 아버지가 반평생을 떠돌아다니느라 혈육이라곤 이 아이뿐입니다. 장군께서 이 아이를 잘 보호하여 아버지를 만나게 해 주신다면 첩은 죽어도 한이 되지 않을 것입니다." (미부인)

유비가 형주의 유표에 의지하여 지낼 때 조조가 유비를 공격해 왔다. 유비는 수많은 조조의 군사들을 막기가 버거웠다. 어쩔 수 없이 가족들을 데리고 남쪽으로 후퇴하였다. 그러자 백성들도 유비를 따라나섰다. 유비는 눈물을 흘리며 따라오는 민심을 저버릴 수 없었다. 유비의 후퇴는 더딜 수밖에 없었고 조조군은 더욱 바싹 추격해 왔다. 급기야 당양의 장판파에서 조조군과 마주쳤다.

유비는 아수라장 속에서 겨우 몸을 피하였다. 정신을 차리고 보니 식구들이 보이질 않았다. 장비만이 있을 뿐, 호위 대장 조운도 보이지 않았다. 조운이 조조군이 있는 곳으로 달려갔다는 말을 듣고는 모두가 조운이 배반했다고 말하였다. 하지만 유비는 조운의 변치 않는 충심을 믿었다.

조운은 유비의 두 부인과 아두를 지키고 있었다. 그런데 조조군과 싸우다가 모두 잃어버렸다. 책임감이 강한 조운은 이들을 찾기 위해 전쟁터인 장판파로 다시 달려간 것이다. 조운은 먼저 감부인과 미축을 찾아 유비에게 보냈다. 마침내 미부인과 아두도 찾았다. 그러나 미부인은 부상이 심해 움직일 수 없었다. 조운은 미부인의 부탁을 듣고 아두를 갑옷 속에 품은 채 조조군의 포위를 헤쳐 나갔다.

조조가 산 위에서 조운이 싸우는 모습을 보고는 부하로 삼고 싶었다. "저자를 죽이지 말고 반드시 사로잡으라."라는 긴급 명령을 내렸다. 명령을 받은 조조의 병사들이 활을 쏘지 않은 덕분에 조운은 용맹을 뽐내며 조조의 장수 50여 명을 무찌르고 장판파의 영웅이 될 수 있었다.

조운의 장판파 전투는 불가능한 상황에서도 의지가 얼마나 중요한 역할을 하는지를 잘 보여 준다. 그의 강한 의지와 결단력은 수적인 열세와 불리한 상황을 극복하는 힘이 되었고 결과적으로 그가 맡은 임무를 성공적으로 끝낼 수 있었다. 이처럼 의지는 불가능하게 보이는 상황에서도 그것을 가능으로 변화시킬 수 있는 강력한 힘이 되는 것이다.

우리는 불가능하다고 생각하는 순간, 할 수 있는 일인데도 포기하고 만다. 하지만 불가능해 보이는 일이라도 할 수 있다는 강한 의지가 있으면 마침내 기적처럼 그 일을 해내고야 만다. 결국, 기적이라는 것은 그냥 생기는 것이 아니라 강한 의지가 만들어 내는 것이다.

'조조를 무찌르려면 불로 공격하는 것이 최상인데 모든 준

비를 끝냈어도 동풍이 불어 주지를 않는구나.'(제갈량이 주유에게 보여 준 글)

"내가 비록 재주는 없지만 일찍이 기문둔갑술을 배워 바람과 비를 부를 수 있습니다. 도독이 만일 동남풍이 필요하다면 남병산에 칠성단이라는 대(臺) 하나만 세워 주시면 됩니다. 그러면 갑자일부터 사흘 밤낮으로 동남풍이 불도록 하겠습니다."(제갈량)

"장군! 깃발이 서북쪽으로 날립니다. 진짜 동남풍이 붑니다."(노숙)

조조의 대군이 적벽까지 쳐들어오자 유비와 손권은 힘을 합쳐 조조에 대항하였다. 조조는 형주를 차지하고 그곳의 수군까지 이끌고 와서 20만 명이 넘었다. 이에 비해 유비와 손권의 연합군은 2만여 명에 불과하였다. 백병전을 벌이면 불리할 수밖에 없었다. 더욱이 조조군이 상류에 있어서 강물의 흐름도 조조에게 유리하였다. 연합군이 이기는 방법은 화공 전술밖에 없었다. 그런데 바람도 조조에게 유리하였다. 서북풍이 연합군 쪽으로 불어와 화공도 어려웠다.

조조는 모든 상황이 자신에게 유리하게 진행되자 긴장을

풀고 장수들과 여유롭게 술을 마시며 스스로 승리에 도취하였다. 그러는 사이 연합군의 제갈량과 주유는 적벽에서의 전투를 승리로 이끌고자 강인한 의지를 불태웠다. 제갈량은 하늘의 변화를 잘 알아서 잠깐 바람의 방향이 바뀌는 때를 찾아내었고 주유는 그때를 놓치지 않고 화공을 하기 위해 만반의 준비를 하였다.

마침내 제갈량이 바람의 방향을 바꾸고 주유가 순식간에 화공을 펼치자 조조의 대군은 싸워 보지도 못하고 대패하고 말았다. 유비와 손권의 연합군이 조조의 대군을 물리친 것은 불가능하다고 생각한 것을 가능하게 만든 대표적인 사례이다. 조조는 연합군이 절대로 화공으로 공격할 수 없다고 믿었다. 서북풍이 부는 계절이었기 때문이다. 하지만 제갈량과 주유는 바람이 잠깐 바뀌는 순간을 이용하여 불가능하다고 여긴 일을 보기 좋게 성공시켰다. 두 사람의 강인한 의지가 기적처럼 승리를 이루어 낸 것이다.

"내 생각에 한 무리의 군사를 이끌고 음평의 소로를 따라 덕양정으로 나가 기병(奇兵)을 써서 곧장 성도로 향하면 강유는 군사를 철수하여 구하러 올 것이오. 장군은 이때 검각을 공격하면 완승을 거둘 수 있을 것이오."(등애)

"장군의 계책은 매우 훌륭하오. 즉시 군사를 이끌고 가시오. 나는 승전보를 기다리겠소이다."(종회)

위나라의 종회와 등애가 촉나라를 멸망시키기 위하여 검각으로 향하였다. 이곳은 새조차 날지 않을 정도로 높은 산들이 칼처럼 뻗어 있었다. 또한 한 명의 병사가 1만 명의 적을 막을 수 있는 천하의 요새이다. 한 마디로 난공불락의 성벽인 셈이다. 두 장수도 이곳에 막혀 앞으로 나아가기 어려웠다. 등애가 종회에게 산을 넘어 공격하자는 계책을 냈다. 이를 들은 종회는 불가능한 일을 제안하는 등애를 보고 보잘 것 없는 장수라고 업신여겼다. 그러자 이 말을 들은 등애는 강한 의지가 생겨 반드시 성공시키겠다고 다짐하였다.

등애는 5,000명의 정예병을 도끼와 정 등으로 무장시켜 산을 파서 길을 뚫고 다리를 설치하며 앞으로 나아갔다. 그렇게 깎아지른 골짜기 700여 리를 진격하였다. 드디어 마지막 고개에 이르렀을 때 절벽이 나타났다. 모든 병사는 힘이 빠졌다. 그러자 등애가 그들을 다독였다.

"우리는 이미 700여 리나 와서 이곳에 이르렀다. 이곳만 지나면 바로 강유(江油)이다. 어찌 다시 물러설 수 있겠느냐? 호랑이굴로 들어가지 않고는 호랑이 새끼를 잡을 수 없다. 나와 너희들은 이곳까지 왔다. 모두 담요와 밧줄을 두르고 굴러서 내려가자."

등애의 명령에 모든 군사가 밧줄에 몸을 묶어 절벽에 매달리거나 담요를 감싼 채 산을 굴러 내려갔다. 그야말로 죽음도 불사한 행동이었지만 강인한 의지로 똘똘 뭉쳐 마침내 성공하였다. 종회는 등애가 위험하기 그지없는 계략을 내자 하찮게 여겼다. 등애의 계책과 행동은 삼국지를 통틀어 가장 위험하고 불가능한 것이었다. 하지만 등애는 그 위험을 극복하고 모두가 깜짝 놀랄 만한 성과를 거두었다. 이는 등애의 강인한 의지와 지도력이 만들어 낸 승리인 것이다.

우리도 살아가면서 등애처럼 불가능한 일과 맞닥뜨릴 때가 있다. 그러한 경우와 마주쳐야 한다면 자신의 의지를 믿고 방법을 찾아야 한다. 아무리 불가능한 일이라도 강인한 의지로 포기하지 않는다면 조운이나 제갈량, 등애처럼 반드시 해결

방법을 찾을 수 있기 때문이다.

위대한 일은 불가능해 보이는 것들을 이루어 낸 것에서 시작된다. 인류 역사는 필요한 시기마다 그 목표를 달성하거나 혁신시키며 문명을 발전시켜 왔다. 신석기에서 청동기로, 청동기에서 철기로, 산업혁명에서 디지털 혁명으로의 혁신은 처음에는 불가능한 것으로 여겼던 것을 불굴의 의지와 도전 정신으로 이루어 낸 것임을 잊지 말아야 한다.

불가능한 일도 강인한 의지만 있으면 이겨낼 수 있습니다. 이러한 의지를 잃지 않기 위해서는 어떠한 노력이 필요한지 생각해 보세요.

없어서는 안 될 사람이 되어라

"주유는 나와 죽마고우이고 형제 같은 사이이다. 내가 단양에 있을 때 그가 병사와 배, 군량까지 지원해 주어 위기를 넘길 수 있었다. 이 정도의 예우로는 그 공로에 보답할 수조차 없다."(손책)

손책은 처음에 원술의 휘하에 있었다. 아버지인 손견이 죽자 원술로부터 독립하여 장강의 동쪽으로 내려와 세력을 키웠다. 주유도 처음에는 원술의 밑에 있었다. 하지만 원술이 대업을 이룰 인물이 못된다는 것을 알고는 관직을 버리고 손책을 따랐다. 손책은 어린 나이에 요절하였다. 동생인 손권이 형의 자리를 물려받았다. 주유는 손책을 모시듯 손권을 모셨다. 손권 역시 주유를 믿었다.

조조가 형주를 차지하고 유비를 추격하며 적벽까지 이르렀다. 유비가 손권에게 연합하여 조조에 대항하자고 했지만, 오나라 내부에서는 항복하자는 주장이 득세하였다. 손권은 주유의 생각을 알고 싶었다. 그가 나서서 자신의 마음을 대변해 주길 바랐다.

주유는 문무관원들이 모두 모인 자리에서 한나라를 훔친 도적인 조조가 제 발로 죽으러 왔는데 투항한다는 것은 있을 수 없는 일이라고 단호하게 말하였다. 오히려 지금이야말로 위험을 무릅쓰고 내려온 조조를 잡을 수 있는 절호의 기회라고 주장하였다. 손권은 자기 생각을 시원하게 말하는 주유의 말을 듣고 너무도 기뻤다. 이로써 손권은 모든 신하의 마음을 결집하여 조조에 대항하게 하였고 주유는 뛰어난 계략으로 조조를 격파할 수 있게 되었다. 주유야말로 손권에게 없어서는 안 될 참모였다.

"나는 정녕 곽봉효(곽가)가 그립도다. 그가 지금도 살아 있었다면 정녕코 내게 이렇게 큰 패배를 안겨 주지 않았을

텐데. 슬프도다, 봉효여! 가슴이 아프다, 봉효여! 정녕 애석하다, 봉효여!"(조조)

조조는 적벽대전에서 패하고 화용도를 벗어나 몸이 안전해지자 이미 고인이 된 곽가를 회상하며 비통해하였다. 곽가는 어떤 일이 벌어지기 전에 미리 알아내는 능력이 뛰어났다. 또한 사람을 알아보는 혜안을 가졌다. 곽가는 이러한 능력을 바탕으로 어려운 일에 처할 때마다 참모들과는 다른 계책을 제안하였고 그때마다 정확하게 들어맞았다. 조조는 이러한 곽가를 누구보다도 신임하여 그가 낸 제안은 언제나 받아들였다. 그런데 곽가는 오한 정벌 때 풍토병에 걸려 38살의 나이로 요절하고 말았다.

조조에게는 참모들이 많았다. 적벽대전을 치를 때도 마찬가지였다. 하지만 제대로 싸워 보지도 못하고 뼈아픈 패배를 당하였다. 곽가가 살아 있었다면 반드시 조조에게 필승의 방법을 제시했을 것이다. 조조의 생각이 이에 이르자 꿈에도 잊지 못하던 곽가와의 지난 일들이 떠올라 무척 괴로웠다. 조조가 곽가를 얼마나 소중하고 필요한 사람으로 여겼는지는 그가 죽었을 때 여러 참모에게 한 말에서도 드러난다.

"그대들은 모두 나와 동년배이다. 곽가만이 매우 젊었다. 천하가 태평한 시기가 오면 그에게 후사를 맡기려고 했건만…."

조조는 인재를 보면 그가 허물이 크더라도 과감하게 기용하였다. 인재의 능력을 살펴 그에 합당한 직무를 맡겼다. 조조는 누구보다 인재를 발굴하고 그가 능력을 발휘할 수 있도록 적재적소에 배치하는 능력이 뛰어났다. 조조의 인재를 파악하고 배치하는 능력은 그들보다 뛰어난 지혜와 통찰력을 지녔기 때문이기도 하다. 그래서 조조 주위에는 언제나 많은 인재들이 모였다. 자기 능력을 알아 주는 사람을 주군으로 모시는 것이 참모들의 꿈이기 때문이다.

사람은 여러 가지를 다 잘할 수는 없지만 남들과 비교하여 한 가지 뛰어난 특기가 있다. 이것을 잘 발전시켜 실력을 갖추는 것이 좋다. 자신이 남보다 잘하는 분야에서 탁월한 실력과 능력을 갖추면 사람들은 당신을 주목하게 될 것이며 아울러 무시할 수 없게 된다. 주유와 곽가처럼 탁월한 능력과 성과를 이룬다면 어느 곳에 있더라도 모두에게 꼭 필요한 인재로 인정받을 수 있는 것이다.

"나는 여기서 죽을 테니 아우는 속히 달아나라!"(조조)
"공은 빨리 말에 오르소서. 저는 걸어가겠습니다."(조홍)
"적병이 뒤쫓아 오는데 너는 어쩌려고 그러느냐?"(조조)
"천하에 이 홍은 없어도 되지만 공은 없으면 아니 됩니다."(조홍)

동탁이 권력을 잡고 폭정을 휘두르자 동탁을 척결하기 위하여 18명의 제후가 모였다. 그런데 연합군은 동탁 타도를 외치면서 싸울 생각은 하지 않았다. 이에 조조가 동탁을 무찌르고자 앞장섰다. 하지만 동탁군의 매복에 걸려 대패하고 말았다. 조조는 화살을 맞고 자신이 타던 말도 잃은 채 사로잡히고 말았다. 그때 조홍이 달려와 조조를 구하였다.

조홍은 동탁의 추격병이 달려오자 조조에게 자신의 말을 타고 달아나게 하였다. 이때 걱정하는 조조에게 조홍이 한 말이 너무 감동적이다. 조홍의 말에 감격한 조조는 "내가 만일 다시 살아난다면 그것은 오로지 너의 힘이다."라고 말하며 두고두고 조홍을 잊지 않았다.

조홍이 한 말의 의미는 무엇일까? 나라의 대의와 공적인 임무가 개인적인 감정이나 관계보다 우선된다는 것을 말하고 있다. 즉, 조홍 자신은 공적인 임무를 수행하는 개인이지만, 조조는 나라의 대의를 총괄하는 공인이기에 없어서는 안 되는 것이다. 조조에게는 없어서는 안 될 참모들도 많지만, 조조의 참모들에게도 조조는 '없어서는 안 되는 주군'으로 인정받았다. 인재를 중시한 조조의 복이 아닐 수 없다.

유비는 세 번이나 제갈량의 초가를 찾아가 그에게 도움을 청하였다. 이는 제갈량이 유비에게 얼마나 중요한 인물인지를 상징적으로 보여 주는 장면이다. 제갈량은 유비의 간절한 요청에 감명을 받아 그의 책사가 되었다. 이후에도 제갈량은 촉나라의 승상이 되어 촉나라의 기틀을 세우고 후주 유선을 보좌하여 나라를 안정시키는 데 기여하였다. 유비가 촉나라에 없어서는 안 될 인물로 제갈량을 초빙한 것이 그대로 적중한 것이다.

우리는 각자 특별한 재능을 가지고 태어났다. 그러므로 무엇보다 중요한 것은 스스로의 재능이 무엇인지 찾아내는 것이다. 그런 후에 그 재능에 집중하여 자신의 가치를 최대로 끌어올리는 것이 필요하다. 그리하면 자신의 재능과 역할을 통해 나도 모르게 어느덧 조직과 사회에 꼭 필요한 존재가 되는 것이다. 그렇게 자신의 재능을 최고로 만들면 주위의 시선도 달라지고 모두가 인정하게 된다.

 남들보다 잘하는 나만의 재능은 무엇인지 알아보고 이를 더욱 발전시키는 방법을 연구해 보세요.

7

대의명분도 시대를 거스르면 안 된다

"그것은 안 될 말입니다. 승상께서 원래 의병을 일으킨 것은 조정을 구하고 나라를 평안하게 만들고자 한 것입니다. 마땅히 충정한 뜻을 유지하시고 겸손하게 물러서는 절조를 지키셔야 합니다. '군자는 덕으로 다른 사람을 사랑한다.'라고 했으니 그렇게 하는 것은 정녕 합당치 않습니다."(순욱)

승상 조조의 위세가 하늘을 찌르자 신하들이 나서서 조조에게 구석(九錫)을 받을 것을 요청하였다. 그 이유는 '30년간 객지를 떠돌며 온갖 고생을 하며 역적의 무리를 소탕하고 백성과 더불어 해로운 것들을 쓸어버렸으며 한 황실을 다시 존속시켰으니 어찌 여러 재상과 같은 반열에 오를 수 있겠느냐.'라는 것이었다.

구석(九錫)은 주나라 때 천자가 아주 특별한 공로를 세운 제후와 대신에게 하사하던 아홉 가지 물품이다. 구석은 천자에 버금가는 격식인 만큼 웬만한 큰 공을 세우지 않으면 감히 생각조차 하기 어려운 것이다. 하지만 시대가 흐르면서 이러한 규범은 퇴색되었고 난세에는 권력을 손아귀에 쥔 실권자들의 전유물로 변하였다. 삼국 시대는 영웅호걸들이 여기저기 나타나 천하를 어지럽히던 때이다. 이때 조조가 이들을 평정하고 실권을 장악하였으니 신하들의 간청은 당연한 절차이기도 하였다.

순욱은 조조의 '장자방'이다. 그만큼 조조는 순욱을 신임하였고 순욱은 조조의 신임을 받아 조조가 천하를 평정하는 데 큰 기여를 했다. 그런데 조조가 철석같이 믿었던 최측근 순욱이 오히려 '구석을 받지 말 것'을 요청하였다. 그 순간, 조조는 당혹스러웠다.

순욱은 명분과 의리를 중시하는 사대부 출신이다. 그래서 조조에게도 한 황실에 충성할 것을 기대하였다. 조조가 한나라의 승상으로서 난세를 평정하고 한나라의 황실을 복원하기를 바랐다. 즉, 춘추 시대 제환공과 같은 패자로 머물기를 바랐다. 하지만 조조의 생각은 달랐다. 한 황실은 이미 오래전에 왕조로서의 면모를 상실하였고 더 나아가 그 폐해가 오늘의 난세를 만들었다고 생각하였다. 따라서 이제 시대의 대세는 새로운 왕조의 탄생이라고 판단하였다. 세상을 바라보는 조조와 순욱의 생각이 이처럼 달랐기에 순욱은 조조의 눈 밖에 날 수밖에 없었다.

조조가 판단한 천하대세는 정확한 것이다. 다만, 본인이 천하통일의 대업을 이룬 후 새 왕조를 건국하느냐, 그렇지 않으냐의 문제만 있을 뿐이다. 이는 조조 자신이 결심만 하면 되는 일이었다. 구석은 단지 보여 주기식 절차에 불과할 뿐인 것이다. 명철한 순욱이 시대의 흐름을 못 읽을 리는 없다. 그럼에도 순욱이 반대한 것은 천하의 흐름에 역행하는 것이다. 이는 후한 말 청류 사대부로서의 순욱의 한계였다. 사마광은 『자치통감』에서 순욱의 이러한 행동에 대하여 비판하였다.

'제환공의 행동은 개와 돼지를 닮았지만, 관중은 이를 수치로 생각하지 않고 그를 도왔다. 제환공을 돕지 않으면 백성을 구원할 수 없다고 생각한 것이다. 한나라 말기의 천하대란으로 백성들이 도탄에 빠져 있을 때 난세를 구할 인물이 아니면 이들을 구원할 수 없었다. 그런즉 순욱은 위무제를 버리고 과연 누구를 섬기려고 했던 것인가.'

유비는 관우, 장비와 함께 도원결의를 맺으며 수족처럼 가깝게 지냈다. 세 의형제는 한 몸과도 같았다. 그만큼 서로를 아끼고 서로를 위하였다. 이는 형제 사이의 사적인 문제이다. 그런데 이러한 사적인 문제가 국가적인 문제와 부딪히면 엄청난 일을 초래한다. 그것이 바로 '이릉대전'이다.

"폐하! 이제 역적 조비를 치는 것은 천하의 대의를 밝히는 것이니 민심이 모두 폐하께 향할 것이지만, 사사로운 원한으로 손권을 치면 천하의 민심을 어떻게 수습하겠습니까? 그러므로 손권을 치는 일은 뒤로 미루어야만 합니다."(조운)
"짐이 아우를 위해 원수를 갚지 못한다면 비록 만 리 강산을

얻는다 한들 무슨 가치가 있겠느냐?"(유비)

제갈량은 유비가 있는 익주로 가기 전에 형주를 지키는 관우에게 어떤 일이 있어도 손권과 동맹을 맺어 조조를 막으라고 신신당부하였다. 그런데 관우는 이를 무시하고 자만하더니 급기야 형주를 잃고 자신도 손권에게 피살당하였다. 유비는 관우가 죽자 손권과의 동맹을 깨고 조조에게 겨누던 칼을 손권에게 겨눴다. 그 명분은 생사를 같이 하기로 한 도원결의의 맹세였다. 손권을 쳐부수어 아우의 원수를 갚는 것이 국가적인 문제가 되었다.

유비가 군사를 일으켜 손권을 치려고 하자 조운이 막아섰다. 그는 사사로운 원한으로 대의를 잃으면 안 되다고 하였다. 모든 신하도 조운의 생각과 같았다. 하지만 유비의 마음은 변함없었다. 이러한 와중에 장비까지 죽임을 당하자 유비는 아무것도 생각하지 않았다. 오직 손권을 향한 복수심만 커졌다. 이렇게 감정적으로 시작한 유비의 공격은 성공하지 못하였다. 오히려 이릉에서 오나라의 선비인 육손에게 처절하게 패배하였다.

유비의 이릉대전 패배는 이미 예고된 것이다. 그때까지 지켜오던 '황실 부흥'이라는 대의(大義)를 망각하고 '도원결의 맹세'를 지킨다는 사적인 의리만을 좇았기 때문이다. 유비가 이릉대전을 일으킨 것은 의형제의 입장에서 볼 때 합당한 일이다. 하지만 황제로서 유비가 내린 결정은 상대적으로 허약한 국력을 더욱 약하게 만드는 것이다. 유비는 두 아우의 원수를 갚는다는 대의명분을 내세웠지만, 이는 천하대세의 흐름을 벗어나는 무분별한 행동이었다.

"서주성을 함락하거든 성안의 살아 있는 것들은 모조리 죽여라. 그래야만 아버지의 원한이 풀릴 것이다."

조조가 인재와 장수를 영입하여 세력을 떨치게 되자 낭야국(琅邪國)에 있는 부친 조숭을 모셔 오기로 하였다. 조숭은 40여 명의 식구들과 함께 서주를 지나 조조가 있는 연주로 향하였다. 서주목 도겸은 조조의 부친이 자신의 관할 지역을 지나가자 성의를 다하여 극진히 대접하였다. 조숭이 떠날 때는 부하 장수 장개에게 호송까지 시켰다. 그런데 이것이 문제를 일으켰다.

장개는 황건적 출신이다. 그는 조숭 일가의 재물을 보자 도적의 본색을 드러냈다. 늦은 밤이 되자 장개와 부하들이 조숭 일가를 덮쳐 모두 죽이고 재물을 빼앗아 산으로 도망쳤다.

이 사실을 들은 조조는 3만 명의 군사를 거느리고 서주로 진격하였다. 모든 군사가 상복을 입고 '원수를 갚고 원한을 씻자.'라는 깃발을 들게 하였다. 조조는 부친과 그 식구들을 죽인 도겸에게 죄를 묻겠다는 대의명분을 내세운 것이다. 도겸은 호의를 베푼 일이 되레 죽음을 자초한 꼴이 되었다. 그는 조조에게 자신의 잘못이 아니라고 했지만, 조조의 마음을 되돌릴 수는 없었다.

조조의 서주 대학살은 그의 악명을 드높인 사례로 유명하다. 조조의 입장에서는 부친과 식구들을 죽인 원수를 갚는 일이므로 명분이 있었다. 하지만 그것은 서주목인 도겸과 그 책임자만을 처리하는 것으로 끝나야만 하였다. 그런데 조조는 이를 빌미로 서주성의 모든 백성을 죽였다. 조조의 행동은 민심을 떠나게 만드는 것이고 이는 곧 시대를 거스르는 행위이다.

시대의 흐름을 아는 것은 매우 중요하다. 그 흐름을 타면 보다 쉽게 목적한 것을 이룰 수 있기 때문이다. 그런데 이와 반대로 그 흐름을 알지 못하여 거스른다면 아무리 좋은 계획과 명분이라도 많이 지체되거나 뜻대로 이룰 수 없다. 시대의 흐름이 성패를 가늠하기 때문이다. 그러므로 훌륭한 계획과 명분이 있을지라도 시대의 흐름에 부합되도록 하는 것이 중요하다.

명분은 좋지만 실패할 때가 있습니다. 그 이유가 시대의 변화를 읽지 못한 것 때문이라면 어떤 학습이 필요한지 계획을 세워 보세요.

스스로의 용기에 빠지지 말라

"관우는 스스로 영웅이라고 믿고 자기를 당해낼 사람은 없다고 생각하고 있소. 염려하는 사람은 오직 장군뿐이오. 장군은 이러한 기회에 병이 들었다고 사직한 후 이곳의 책임을 다른 사람에게 양보하고 그 사람에게 비굴한 말로 관우를 칭송하게 하면 관우는 마음 가득 교만해져서 형주의 군사를 철수시켜 모두 번성으로 향하게 할 것이오. 만일 형주의 방비가 없다면 500명의 병력으로 별도의 계획을 세워 기습하면 형주를 함락시킬 수 있을 것이오." (육손)

제갈량은 익주 공략 과정에서 방통이 죽자 유비에게 갔다. 제갈량은 형주를 떠나기 전 관우에게 '북으로는 조조를 막고

동으로는 손권과 화친하라.'라는 전략을 알려 주고 절대로 잊지 말라고 하였다. 관우도 반드시 가슴에 새기겠노라고 대답하였다.

관우는 형주를 굳게 지켰다. 형주는 삼국의 요충지여서 모두가 탐내는 곳이다. 하지만 관우가 형주를 지키고 있는 한 누구도 형주를 넘볼 수 없었다. 오히려 관우의 용맹에 조조는 자신의 근거지마저 옮기려고 하였다. 손권은 적벽대전에서 승리한 후 발 디딜 곳 없는 유비에게 형주를 빌려 주었다. 그런데 유비는 익주를 차지하고도 차일피일 미루기만 할 뿐, 돌려줄 마음이 없었다. 이러한 까닭에 손권은 누구보다 형주를 되찾고 싶었다.

이러한 손권의 마음을 읽은 육손은 관우를 추켜세워 교만하게 만들고 손권에게 신경 쓰지 않을 때 형주를 기습할 것을 제안한다. 육손의 전략은 그대로 적중하였다.

"이런 어린애를 대장으로 삼다니 손권도 식견이 모자라군. 앞으로 강동은 걱정할 것이 없겠노라!" (관우)

관우는 육손이 예물을 올리며 겸손하게 자신을 낮추자 더욱 교만해졌다. 그래서 육손이 자신의 용맹함을 무서워하여 공격하지 못할 것이라고 믿고 북으로 조인을 공격하는 데만 집중하였다. 이처럼 관우의 단점을 정확히 파악하고 있던 육손은 관우가 오나라에 대한 경계를 풀 때 곧바로 허를 찔러 형주를 차지하였다.

"지금 서황에게 언성 등을 뺏겼습니다. 그리고 조조가 직접 대군을 이끌고 삼로로 나누어 번성을 구원하러 오고 있다고 합니다. 또한 많은 사람이 형주는 이미 여몽의 기습을 받아 함락되었다고 말하고 있습니다."(요하)
"무슨 헛소리냐! 그것은 적들이 우리 군사를 어지럽히기 위해 꾸며 낸 거짓말이다. 동오의 여몽은 병이 위독하여 육손 아이가 대신 맡고 있으니 염려할 것 없다!"(관우)

관우는 스스로의 용맹함만 믿고 교만해진 나머지 이미 형주가 함락되었는데도 믿지 않았다. 제갈량이 형주를 떠나며 잊지 말라고 한 전략을 관우는 말로만 가슴에 새기겠다고 한 것이다. 관우의 전략적이지 못한 용맹은 형주를 잃은 것도 모자라 결국 자신의 목숨까지 바쳐야만 하였다.

'무릇 장수란, 강함과 부드러움을 알맞게 조화시켜야 한다. 쓸데없이 자신의 용기만 믿어서는 안 된다. 만약 용기만 믿는다면 그것은 한 사내의 적수일 뿐이다. 내가 이제 대군을 남정에 둔치고 경의 뛰어난 재주를 보고 싶으니 '욕되게 하지 말라(勿辱)'라는 두 글자를 명심해야 할 것이다.' (조조)

조조는 한중을 차지하고 하후연과 장합에게 지키도록 하였다. 유비는 조조가 차지한 한중을 빼앗기 위하여 대군을 이끌고 진격하였다. 한중의 요충지는 '정군산'이다. 조조는 하후연의 성격이 굳세고 고집이 세어서 유비의 간사한 계략에 말려들 것을 걱정하였다. 그래서 용기만 믿고 함부로 공격하지 말고 공격과 수비를 번갈아 가면서 조화를 이루라고 하였다.

조조의 주의에도 불구하고 하후연은 법정의 계략에 빠져 싸우려고만 하였다. 장합이 아무리 말려도 소용없었다. 결국 하후연의 군사들은 공격하다가 지치고 말았다. 법정은 이때를 노려 황충에게 공격하도록 하였다. 하후연은 미처 싸울 준비도 하기 전에 황충의 칼에 목이 잘렸다. 하후연은 뛰어난 군사적 능력과 용기를 지녔지만 때때로 이러한 무모한 행동으로 이어졌다. 조조는 그의 이러한 점을 간파하고 주의를 주었던 것이다.

"사마의는 보통 사람이 아니다. 더욱이 선봉 장합은 위의 명장이다. 아마도 자네는 감당할 수 없을 것 같다."(제갈량)
"사마의와 장합은 고사하고 설령 조예가 직접 온다고 해도 무엇이 두렵겠습니까? 제 가족 전체의 목을 걸겠으니 만일 제가 실수를 하면 전 가족의 목을 치소서."(마속)

제갈량은 후주 유선에게 출사표를 올리고 북벌에 나섰다. 첫 전투에서 승리하여 촉나라를 안정시키는 기반을 구축하고자 하였다. 그러기 위해서는 가정을 차지하는 것이 무엇보다 중요하였다. 제갈량은 마속에게 이 임무를 맡겼다. 마속은 제갈량이 신임하는 장수였기 때문이다. 그런데 마속의 행동은 제갈량의 신임을 벗어나는 것이었다. 마속은 가정에 도착해 지형을 살펴보고는 후미진 산골에 위나라 군사들이 올 리 없다는 것을 알고 제갈량의 계책을 비웃었다. 부장 왕평이 제갈량의 말을 전하며 길목에 영채를 치고 방책을 만들어 대비하자고 하였지만, 마속은 자신이 병법의 대가라며 듣지 않았다. 그리하여 멋대로 산 위에 영채를 세웠다. 결국, 제갈량의 말을 듣지 않은 마속은 사마의가 식수를 차단하자 칼 한 번 휘두르지 못하고 가정을 빼앗겼다. 그리고 가정을 잃은 책임을 물어 처형되었다.

관우와 하후연 그리고 마속은 모두 용기와 자신감이 뛰어난 장수들이다. 하지만 그 용기와 뛰어난 무예도 현실적인 판단이 바탕이 된 신중함과 조화를 이루지 못하여 자신의 목숨까지도 잃었다. 우리는 세 장수의 사례를 통해 자신의 용기만 믿고 자만해서는 결코 어떤 일도 성공할 수 없다는 것을 배울 수 있다.

용기가 지나치면 오히려 옳지 않은 행동을 할 수 있다. 어떤 일을 진행하면서 생각했던 것보다 잘되면 계획보다 앞서 가거나 계획에 없던 일을 덧붙여 추진한다. 그 일에 대한 자신감과 용기가 생겼기 때문이다. 하지만 이런 때일수록 계획을 한 번 더 살펴볼 필요가 있다. 이 과정에서 무작정 나아가려는 용기를 절제하는 노력이 필요하다. 강할 때 자만하지 않고 약할 때 자신을 스스로 높이지 않는 것이 진정한 용기라고 할 수 있다.

4

어떻게 성취하고 지킬 것인가

관계

關係

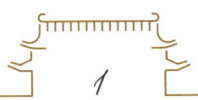

진정한 리더는 무엇이 다른가

"저의 죄는 만 번 죽어도 모자랍니다. 다행히도 공자께서는 이렇게 무탈하십니다. 어서 받으십시오."(조운)
"이 아이놈 때문에 나의 대장 한 명이 죽을 뻔했다!"(유비)

형주를 차지한 유표가 죽자 그 아내 채부인은 가짜 유언장을 만들어 자신이 낳은 아들 유종이 형주를 물려받게 하였다. 하지만 조조가 대군을 이끌고 쳐들어온다는 소식에 곧바로 항복하여 조조에게 형주를 바쳤다. 유표에게 의지하고 있던 유비는 졸지에 후퇴할 수밖에 없었다. 그런데 많은 백성이 유비를 따라나섰다. 그러자 하루에 겨우 10여 리밖에 갈 수 없었다. 조조의 군사들이 점점 거리를 좁혀 오고 있어서 모든 장수가 걱정하였다. 그래도 유비는 차마 백성을 버릴 수 없었다. 이 광경을 지켜 본 백성들은 울지 않는 자가 없었다.

　유비가 당양에 다다른 한밤중에 조조의 2,000여 명의 정예병이 들이닥쳤다. 유비는 싸우며 달아났다. 새벽이 되어 정신을 차려 보니 주위에는 장비와 100여 명뿐이었다. 두 부인과 아두는 물론 이들을 지키는 조운도 없었다. 모두가 조운을 의심했지만, 유비는 조운을 믿었다. 오히려 조운이 무슨 사정이 있을 것이라며 그는 절대로 자신을 배신할 장수가 아니라고 굳게 믿었다.

　마침내 조운은 유비의 아들인 아두를 구해 품에 안고 유비에게로 달려왔다. 조운은 나무 밑에서 망연자실한 채 있는 유비에게 달려와 엎드려 울며 아두를 바쳤다. 유비도 믿었던 조운이 오자 너무 기쁜 나머지 함께 울었다. 그러면서 조운에게서 받은 아두를 곧바로 땅에 내던지며 조운을 위로하였다. 조운은 땅바닥의 아두를 안아 일으키며 울며 절하였다. 그는 벅차오르는 감격의 눈물을 쏟으며 골백번 죽는다 한들 유비를 위해 끝까지 충성할 것을 다짐하였다.

진정한 리더는 공감 능력이 있어야 한다. 공감 능력은 타인의 감정과 처지를 이해하고 그들의 필요를 헤아릴 수 있는 능력을 말한다. 현대 사회는 각자 다양한 배경과 생각을 하고 있기에 리더는 상대방의 의견을 존중하고 그들의 처지에서 생각하는 능력이 필수이다.

유비는 뛰어난 공감 능력의 소유자이다. 그는 항상 백성들과 병사들의 어려움을 자기 일처럼 여겼다. 또한 그들의 고통을 함께 나누는 모습을 보여 줌으로써 절대적인 지지를 얻었다. 이는 그가 세력을 크게 성장시키는 원동력이 되었다. 이처럼 공감 능력은 단순한 소통을 넘어 신뢰 관계를 구축하는 데 필수적인 요소이다. 이는 리더가 구성원들에게 진정으로 관심이 있다는 것을 보여 주는 것이기도 하다. 리더는 이를 통해 사람들을 하나로 묶고 협력을 이끌어 낼 수 있다. 유비는 바로 이러한 공감 능력을 발휘하여 백성과 군사를 자신의 세력으로 만든 것이다.

"장군께서 패업(霸業)을 이루려면, 북쪽은 조조가 천시(天時)로 차지했으니 양보하시고 남쪽은 손권이 지리(地利)로 차지했으니 양보하소서. 장군은 인화(人和)로 차지하셔야 합니다. 먼저 형주를 빼앗아 집으로 삼고 뒤이어 서천을 빼앗아 기업을 열어 정족지세(鼎足之勢)를 이룬 후에야 중원을 도모할 수 있을 것입니다."(제갈량)

유비가 삼고초려하여 제갈량을 참모로 영입하자 제갈량은 '천하삼분계책'을 말하였다. 천하삼분계책은 제갈량이 유비에게 촉의 미래와 삼국통일의 비전을 제시한 것이다. 제갈량은 장기적인 목표와 전략을 설정하고 형주와 익주를 차례대로 차지하는 과정을 통해 유비가 나아가야 할 방향을 명확하게 제시하였다.

리더는 언제나 미래에 대한 명확한 비전을 제시하고 구성원들을 이끌어야 한다. 제갈량이 유비에게 제시한 천하삼분계책은 그들이 목표를 달성하는 데 중요한 전략이 되었고 이를 바탕으로 촉나라는 강력한 세력으로 성장할 수 있었다. 이처럼 리더는 빠르게 변화하는 세상에서 구성원들이 방향을 잃지 않도록 목표를 분명히 제시하고 조직을 단합시킬 수 있는 능력이 필수적이다.

"만일 허유의 계책을 따르지 않는다면 그것은 앉아서 곤란해지기를 기다리는 것일세. 그가 만일 속이는 것이라면 어찌 우리 영내에 머물러 있으려 하겠는가. 더욱이 나 역시 오래전부터 원소의 영채를 기습하려 했네. 이제 군량을 급습하려는 일은 반드시 계획대로 될 터이니 의심치 말게!"(조조)

리더가 갖추어야 할 또 하나의 조건은 '결단력'이다. 위기 상황에서의 빠른 판단과 결단력은 구성원들을 이끄는 또 다른 힘이다. 조조는 결단력과 책임감을 갖춘 리더이다. 그는 관도대전에서 수적으로 불리한 상황에서도 과감한 결정을 내려 전황을 유리하게 이끌었다. 모두가 의심하는 순간에도 조조는 빠른 판단과 결단력으로 원소의 대군을 무찌르는 데 성공하였다.

오늘날의 리더에게도 결단력과 책임감은 필수적인 요소

이다. 리더는 불확실한 상황 속에서 과감한 결정을 내리고 그 결과에 대한 책임을 져야만 조직 내에서 신뢰를 얻고 구성원들을 결속시킬 수 있기 때문이다. 리더의 결정이 모두 성공한다고는 할 수 없다. 그래서 리더는 성공하든, 실패하든 언제나 책임을 회피하지 않는 모습을 보여야만 모두의 신뢰를 얻을 수 있다.

> "내가 법을 만들고 내가 그 법을 어긴다면 어떻게 많은 사람을 복종시키겠느냐?"(조조)
> "옛날 춘추의 뜻도 지존에게는 법을 적용하지 않았습니다. 대군을 거느리시는 승상께서 어찌 자살하실 수 있습니까?"(곽가)
> "춘추에 그런 뜻이 있다면 일단 나의 머리 대신 머리카락을 잘라 대신하겠노라."(조조)

조조는 지난날 장수에게 자신의 큰아들과 조카 그리고 근위대장 전위를 잃었다. 그러한 장수가 다시 세력을 뻗쳐 반란을 일으키자 조조는 원수를 갚기 위해 대군을 이끌고 토벌에 나섰다. 이때는 보리를 수확할 때였다. 조조는 전군에 '보리를 밟는 자는 누구든 참수하겠다.'라는 군령을 내렸다. 군사들은 모두 조심해서 지나갔고 이를 본 백성들은 모두 기뻐하며 조조에게 절을 하였다.

그런데 조조의 말이 갑자기 날아가는 비둘기에 놀라 뛰며 보리를 밟았다. 조조는 자신이 내린 명령을 자신이 어긴 것이 되자 즉각 칼을 빼어 스스로 목을 찌르려고 하였다. 그러자 참모들이 달려들어 말렸다. 이에 조조는 자신의 머리카락을 잘라 참수를 대신하였다. 이를 본 군사들은 더욱 철저히 군령을 지키며 무사히 보리밭을 지나갔다.

조직의 리더는 누구나 자신의 결단에 대해 책임질 줄 알아야 한다. 리더라고 해서 말만 하고 책임을 지지 않는다면 누구도 그를 믿지 않는다. 훌륭한 리더는 조조처럼 책임을 지려는 자세를 보여야만 모두가 그를 믿고 따르게 되는 것이다.

마음을 얻으면 세상 부러운 것이 없다

"일곱 번 잡고 일곱 번 놓아 준 것은 일찍이 없었던 일이오. 내 비록 변방에 살고 있지만 예의는 알고 있소. 어찌 염치가 없겠소이까. 이제 공은 우리에게 황제의 위엄을 보이셨으니 이곳 사람들은 절대로 배신하지 않을 것이오."〈맹획〉

제갈량은 유비의 유언을 받아 후주 유선을 모시며 촉을 잘 다스렸다. 그가 통치한 지 3년이 되는 해, 남만의 왕 맹획이 10만 명의 병력으로 촉나라의 남쪽을 침략하여 약탈하였다. 제갈량은 자신이 직접 대군을 이끌고 맹획을 토벌하기로 하였다. 후주와 신하들이 반대하였다. 국가의 중책을 맡은 자가 멀리까지 나아가 전쟁하는 것은 바람직하지 않았기 때문이다.

그러자 제갈량은 "맹획은 굴복시키기 쉽지 않을 터이니 자신이 직접 나서야만 정벌이 가능하오."라고 설득하였다.

마속은 제갈량이 직접 나서는 이유를 잘 알고 있었다. 남만족의 맹획은 촉나라와 멀리 떨어져 있다. 그는 이러한 지형적인 이점을 믿고 오랫동안 복종하지 않았다. 그래서 오늘 그들을 무찔러도 내일이면 또다시 배신하는 것이 다반사였다. 이는 군사력만 낭비하는 것으로 좋은 전략이 아니다. 제갈량이 직접 먼 길을 나서는 이유는 맹획을 무력이 아닌 마음으로 공략하기 위한 것이다. 즉, 진정으로 마음에서 우러나는 항복을 받으려는 것이다.

제갈량은 맹획과 병사들을 손쉽게 잡았다. 그런데 맹획은 이리저리 핑계를 대며 항복하지 않았다. 제갈량은 그때마다 맹획을 풀어 주었다. 그리고 다시 잡아들였다. 이렇게 하길 일곱 번…. 결국 맹획은 제갈량에게 진심으로 항복하였다. 맹획의 마음을 얻은 제갈량은 맹획을 용서하고 그동안 정복한 모든 지역을 다시 돌려주며 그가 계속 다스리도록 하였다. 그러자 모든 사람이 감복하여 제갈량을 '자애로운 아버지(慈父)'라고 부르며 따랐다. 마침내 제갈량의 계획이 성공한 것이다.

 제갈량이 맹획을 일곱 번을 잡고 일곱 번을 놓아 준 '칠종칠금'은 단순한 군사적 승리의 전략을 넘어 사람의 마음을 얻는 것이 얼마나 중요한 것인지를 보여 준다. 진정한 승리는 상대의 처지를 이해하고 포용력을 발휘하여 신뢰를 형성하는 과정에서 얻어지는 것이기 때문이다. 제갈량은 맹획의 마음을 얻음으로써 남쪽의 위협에서 완전하게 벗어날 수 있었다. 더 나아가 제갈량이 북벌을 하는 데 필요한 물자를 조달하는 데도 크게 이바지하였다.

 전쟁은 물리적인 전투를 하는 것만이 좋은 것은 아니다. 싸우지 않고 이길 수 있다면 그것이 곧 최고의 전략이다. 더 나아가 상대방의 마음을 얻어 나와 한편이 된다면 그것이야말로 진정한 승리이다. 즉, 지혜와 전략으로 상대방을 설득하고 이로 하여금 지속 가능한 영향을 미치는 것이 더 중요한 가치가 있는 것이다.

 제갈량은 남만의 지도자인 맹획의 마음을 얻음으로써 남만 집단 전체의 연대와 협력을 이끌어 냈다. 이러한 남만의 협력은 제갈량이 마음껏 북벌에 매진할 수 있게 하는 원동력이 될 수 있었다.

"공은 내가 미녀와 황금, 비단을 주어도 고맙다는 인사 한 번 없더니만 오늘은 이렇게 기뻐하며 감사하니 어찌 사람은 천하게 여기고 말은 귀하게 여기시는가."(조조)
"저는 이 말이 하루에 천 리를 달린다고 알고 있습니다. 형님이 계신 곳을 알게 되면 그날로 달려갈 수 있지 않겠습니까?"(관우)

서주에 있던 유비 삼형제는 조조의 공격에 패하여 뿔뿔이 흩어졌다. 유비는 원소에게 몸을 피하고 장비는 망탕산으로 도망쳤다. 사비성을 지키던 관우는 장료의 설득에 항복하여 조조에게 갔다. 조조는 관우의 무예와 충의로움에 매료되어 그를 자신의 부하 장수로 만들고 싶었다. 이를 위해 조조는 관우에게 막대한 재물과 권력을 주며 그를 회유하였다. 하지만 관우는 이 모든 제안을 거절하였다.

조조는 관우에게 무엇을 해 주어도 그의 마음이 움직이지 않자 조급해졌다. 무엇을 해야 관우의 마음이 움직일지 몰라

고민만 쌓여 갔다. 그러던 차에 여포에게서 빼앗은 적토마를 선물하였다. 조조에게서 적토마를 받은 관우는 뛸듯이 기뻐하였다. 조조는 관우가 기뻐하는 모습에 마음이 놓였지만, 한편으로는 왜 좋아하는지 궁금하였다. 지금까지 금은보화도 주었고 작위도 주었으며 잔치도 자주 열고 미녀도 주었다. 그래도 꿈쩍하지 않던 관우가 그깟 말 한 마리를 받고 기뻐하는 것이 이상하였다.

조조에게 있어서 적토마는 수많은 명마 중 하나였지만, 관우에게 있어서 적토마는 하루에 천리를 달릴 수 있는 말이기에 더욱 빨리 유비에게 갈 수 있었기 때문이다. 이처럼 관우의 마음은 변함없이 유비만 생각하고 하루빨리 유비에게로 가고 싶었다. 조조는 관우가 적토마를 받고 좋아하는 이유를 알고 그의 흔들림 없는 충의에 감탄하였다. 아니 존경심마저 생겼다. 그래서 자신의 장수들에게 말하였다.

"여러 장수도 관운장을 배워 오래도록 빛날 맑은 이름을 이루어야 할 것일세."(조조)

관우가 사사로운 이익을 좇지 않고 유비와의 도리를 따랐기에 조조마저도 관우를 존경하게 된 것이다. 아울러 조조는 산 같은 관우의 마음을 빼앗은 유비가 정녕 부러웠다.

어느 역사나 사람의 마음을 얻는 자가 천하를 얻는다. 리더가 백성이나 부하들의 마음을 얻으면 자연스럽게 지배력이 강화되고 더 나아가 천하를 얻을 수 있다. 유비는 인덕(仁德)으로 많은 사람의 마음을 얻어 그의 군대와 지지층을 확보하였다. 그는 도덕적 가치와 인간적인 매력을 통해 사람들의 충성을 얻어 내었다.

유비는 도원결의를 통해 관우와 장비라는 평생의 동반자를 얻었다. 관우와 장비는 유비의 인덕과 인간적인 매력에 이끌려 평생을 유비의 분신으로 살았다. 유비를 위해서는 죽음도 마다하지 않는 그들의 충성심은 그 어떤 것과도 바꿀 수 없는 것이다. 이들이 어떤 난관도 극복하며 유비를 따르는 원동력은 유비의 인간적인 매력도 있지만 보다 낮은 자세로 행동하며 베풀었기 때문이다.

인간은 사회적 동물이다. 따라서 인간은 다른 사람들과의 연대와 협력 등 사회적 상호작용을 통하여 삶의 의미와 목표를 달성한다. 뛰어난 리더는 이 과정에서 한결같이 진실하고 겸손한 자세로 상대방을 배려하고 마음을 읽었다. 이처럼 모두의 마음을 얻는 자가 진정한 리더가 되는 것이다.

'마음을 얻는 자가 승리한다.'라는 말의 의미를 생각해 보고 자신이 당면하고 있는 이와 비슷한 문제를 해결해 보세요.

도덕적으로 우위를 차지하라

"지금까지 따라오는 백성들은 어찌하면 좋소이까? 나는 차마 버리지 못하겠소."(유비)
"백성들에게 따라가고 싶은 사람은 함께 가고 따라가기 싫은 사람은 남으라고 알리십시오."(유비의 참모들)
"우리는 죽더라도 황숙을 따라가겠습니다."(백성들)

유비는 홀어머니를 모시며 짚신과 돗자리를 짜서 생계를 삼았다. 유비는 삼국의 영웅 중 가장 가난한 흙수저 출신이다. 그는 정치적으로도 쇠락한 집안이어서 이를 받쳐 줄 기반이 없었다. 따라서 자신의 힘으로 토대를 쌓아야만 하였다. 유비는 한 황실의 후손이라는 명분을 십분 활용하였다.

즉, '한 황실의 부흥'이라는 도덕적 대의명분을 정치적 무기로 내세웠다.

유비는 피로 얼룩진 난세에 백성들이 바라는 것이 무엇인지를 잘 알았다. 그래서 스스로 백성을 사랑하는 어진 군주상을 만들어 민심을 다독이고 그들과 함께하는 모습을 보여주며 민심을 자신의 편으로 만들었다. 도덕적 가치와 인간 중심의 리더십을 펼친 것이다. 조조가 황제를 끼고 정치적인 우위를 차지하였다면, 유비는 대의명분과 민심을 잡아 도덕적 우위를 차지한 것이다.

유비의 도덕적 우위를 중시하는 리더십은 백성들뿐 아니라 제갈량, 관우와 장비, 조운 등과 같은 참모들에게도 절대적인 신임을 얻는 성과를 거두었다. 유비는 이러한 단기적인 성과를 바탕으로, 장기적으로는 강력한 지지 기반을 쌓아 촉나라의 건국과 함께 안정적인 통치 기반을 마련할 수 있었다.

조조의 리더십은 실력 위주의 현실주의이다. 따라서 성과가 있으면 그에 따른 포상을 하지만 그렇지 못하면 조직에서 미움을 받게 된다. 반면, 유비는 상하 관계가 명확하지 않고 가족적인 관계를 중시하는 인정주의이다. 하지만 유비의 도덕적 리더십은 사람들에게 신뢰감을 조성하여 각자가 자발적인 협력과 충성을 이끌어 내는 특징을 가진다. 이것이 바로 도덕적 리더십이 중요한 이유이다.

그런데 도덕적인 우위를 차지한다고 해서 자신이 계획한 목표 달성이 눈앞에 있는 것은 아니다. 성과가 나타나기까지는 인내의 시간이 필요하다. 유비가 조조와 원소, 유표 등에 의지하며 인고의 시간을 이겨내고 마침내 촉을 건국한 것처럼 도덕적인 우위는 신뢰 구축 시간이 필요한 장기적인 전략인 것이다. 하지만 일단 신뢰가 구축되면 조직과 사회, 더 나아가 국가가 안정성을 유지하며 지속적인 발전을 할 수 있는 장점이 있다. 출발은 느리지만 나아갈수록 일사천리로 빠르게 협력을 이끌어 낼 수 있는 것이다.

"선제께서는 신이 삼가고 조심하는 것을 아셨기에 돌아가실 때 신에게 탁고의 대사를 맡기셨습니다. 신은 선제의 유지를 받은 이래 밤낮으로 걱정하고 탄식하며 혹시나 부탁하신 일을 이루지 못하여 선제의 밝으신 뜻에 누를 끼치지 않을까 두려워하였습니다. 그래서 건흥 3년(225년) 5월에 노수를 건너 불모의 땅으로 깊숙이 쳐들어갔습니다. 이제 남방은 평정되었고 군사와 무기도 넉넉하니 마땅히 삼군을 거느리고 북쪽으로 나아가 중원을 평정해야 하겠습니다. 늙고 아둔하나마 있는 힘을 다하여 간사하고 흉악한 무리를 제거하고 한나라를 다시 일으켜 옛 도읍으로 돌아가는 것만이 선제께 보답하고 폐하께 충성하는 신의 직분입니다."(제갈량)

유비는 이릉대전에서 손권에게 패하고 백제성으로 후퇴하여 그곳에서 숨을 거뒀다. 유비는 죽기 전에 제갈량에게 태자인 유선을 도와 촉나라를 이끌어달라고 부탁하였다. 더 나아가 '후주 유선이 나라를 다스릴 재목이 되지 못한다고 판단되면 제갈량이 직접 황제가 되어달라.'라는 유언을 남겼다. 자신의 사후에 벌어질 정치적인 암투를 미리 방지하기 위하여 제갈량이 도덕적인 우위를 차지할 수 있도록 한 것이다.

제갈량은 유비의 유언대로 승상이 되어 지극정성으로 유

선을 모셨다. 유선의 통치 능력은 낙제점이었다. 하지만 제갈량은 죽는 날까지 유선의 신하로서 충성을 다하였다. 제갈량은 유비의 유언에 따라 스스로 황제가 될 수 있었다. 그런데 제갈량은 그렇게 하지 않았다. 이는 유비가 유언을 통해 제갈량에게 통치자로서의 도덕적인 우위를 주었기 때문이다.

'아비만큼 아들을 잘 아는 사람은 없다.'라고 하였다. 유비는 아들 유선이 국가를 이끌 재목이 아니라는 것을 알았다. 그런데도 제갈량이 자신을 보좌하였듯이 아들에게도 그렇게 하고 싶었다. 이를 위해서는 무엇보다도 제갈량에게 도덕적인 우위를 차지하도록 하는 것이 필요하였다. 유비의 유언은 여러 신하 앞에서 제갈량의 손을 들어 줌으로써 모두가 그를 따르도록 한 것이다. 제갈량은 이러한 유비의 뜻을 알고 죽을 때까지 유선을 보좌함으로써 진정한 수어지교를 완성하였다.

지도자의 능력은 신하들의 지원과 능력에 따라 크게 달라질 수 있다. 제갈량은 정치를 공평무사하게 처리하였다. 이에 모든 참모가 잘 따랐다. 그래서 정치가 안정되고 나라는 풍요로워졌다. 유선은 음주와 가무만 즐길 뿐, 신하들과의 정치적 신뢰 쌓기에는 관심이 없었다. 이러한 유선이 통치했다면 촉나라는 좀 더 일찍 멸망하였을 것이다. 제갈량이 촉의 실질적인 지도자가 될 수밖에 없는 이유도 바로 제갈량만이 신하들 간의 신뢰와 지속적인 성장을 도모할 수 있었기 때문이다.

"현덕공을 오시라고 한 것은 다름이 아니라 이 늙은이의 병세가 위독하여 언제 죽을지 모르기 때문이오. 만 번을 바라거니와 명공께서는 가련한 저의 뜻을 새겨 주시고 서주를 다스리는 인장을 받아 주시오. 그렇게만 해 주면 나는 편안하게 눈을 감고 죽을 수 있겠소."(도겸)
"제가 어떻게 이런 중요한 임무를 감당할 수 있겠습니까? 인장을 받을 수 없습니다."(유비)

서주를 다스리는 도겸은 조조에게 죽을 뻔하였지만, 유비의 도움으로 살아났다. 이 과정에서 그는 병이 깊어져 살날이 얼마 남지 않았다. 이에 도겸은 유비를 불러 잔치를 벌였다. 그리고 황실의 종친인 유비에게 서주를 맡아달라고 하였다.

그런데 좋아할 줄 알았던 유비가 서주를 맡을 수 없다고 사양하였다. 도겸은 놀라 유비에게 몇 번을 다시 청하였다. 그래도 유비의 마음은 바뀌지 않았다.

유비도 서주를 받고 싶었다. 하지만 현실적으로 지키기 어렵다는 판단이 든 것이다. 그래서 유비는 서주를 사양하는 도덕적 행동을 통해 자신에게 필요한 정치적 자산인 '민심'을 얻으려고 한 것이다.

개인의 도덕적인 우위는 개인의 삶뿐 아니라 사회 전체에 커다란 영향을 미친다. 이러한 도덕적인 우위는 변혁의 시기에 더욱 빛을 발한다. 중년의 나이는 자기 세계의 중심이다. 스스로 도덕적인 우위로 중심을 잡을 시기이다. 지금은 이익이 되지 않아도 장기적으로 안정과 지속적인 성장을 보장하는 것에 가치를 두어야 한다. 그리하면 난세에도 빛나는 삶을 만들 수 있을 것이다.

진짜로 소중한 것은 신의이다

"유비, 관우, 장비는 비록 성은 다르지만, 이미 형제가 되기로 맹세하였으니 한마음으로 협력하여 어려운 자를 구하고 위급한 이를 도우며 위로는 국가에 보답하고 아래로는 만민을 편안히 하겠나이다. 같은 날 같은 시간에 태어나지는 못했지만, 같은 날 같은 시간에 죽기를 원하오니 하늘과 땅의 신께서는 진실로 굽어살피시어 의리를 배반하고 은혜를 저버리는 자가 있으면 하늘과 사람이 함께 죽여 주소서!" (유비, 관우, 장비)

복숭아꽃이 활짝 핀 봄날, 유비, 관우, 장비 세 사람은 300명의 장정들과 함께 검은 소와 흰말을 잡아 재물을 바치고 천지의 신들께 의형제가 되었음을 선언하였다. 각자 살아온 배경은 달랐지만, 서로에 대한 깊은 신뢰를 바탕으로 의형제가 되기로 맹세한 것이다. 이것에서 '도원결의'라는 고사성어가 탄생하였다.

세 의형제의 결의는 단순한 약속이 아니다. 서로의 삶을 지키고 도와주겠다는 의지를 표현한 것이다. 이들은 어떻게 이러한 의지를 만천하에 밝혔을까? 그것은 서로 간의 신의(信義)가 연결고리가 되어 주었다. 신의는 사람 간의 신뢰와 의리를 나타내며 모든 관계의 기초가 된다. 유비, 관우, 장비는 서로를 존중하고 의리를 중시함으로써 강한 유대감을 형성하였는데, 이들의 혈육보다 강한 의리는 죽는 날까지 각자의 역할을 충실히 수행하며 서로를 믿고 지지하였다.

세 사람은 신의로 맺어진 의형제이지만 각자의 개성이 뚜렷한 사람들이다. 특히, 술 좋아하는 장비의 불같은 성미는 실수를 연발하여 두 사람을 난처하게 만들기 일쑤였다.

"네가 성을 지키겠노라고 장담했을 때 뭐라고 했느냐? 형님께서는 또 뭐라고 신신당부하셨더냐! 그런데 이렇게 성도 잃고 형수님마저 놓아 두고 왔으니 대체 제정신이란 말이냐!"(관우)

유비가 원술을 공략하기 위하여 장비에게 서주성을 지키게 하였다. 술고래 장비는 술을 끊고 잘 지키겠노라고 호언장담하였다. 하지만 그것은 말뿐이었고 술에 취한 장비는 술주정을 부리다가 여포에게 서주성을 빼앗기고 형수님도 지키지 못하였다. 죽을죄를 지은 장비가 자결하려 하자 유비가 "형제는 수족과 같고 처자는 의복과 같다."라며 장비를 달랬다. 이에 두 아우는 감동의 눈물을 흘리고 세 의형제는 뜨거운 마음으로 더욱 굳게 신의를 다졌다.

친구나 형제 간의 신의는 어려울 때 더욱 잘 나타난다. 삼형제가 조조에게 패하여 뿔뿔이 흩어졌을 때 관우는 장료의 중재로 조조에게 의탁하였다. 인재를 중시한 조조는 관우의 됨됨이를 알고 자기 부하로 삼고 싶어 최고의 예우를 했지만, 결국 실패하였다. 유비를 향한 관우의 일편단심은 조조의 마음까지도 움직이게 하였다.

"옛 주인을 잊지 않고 또한 오가는 것이 분명하니 진정한 대장부이다. 너희들도 본받아야 할 일이다."

관우는 유비를 찾아 두 형수를 모시고 천 리 길을 달렸다. 그 사이 다섯 관문을 통과하며 조조의 장수 여섯 명을 무찔렀다. 조조가 아무리 좋은 예우를 하여도 관우는 모두 뿌리쳤다. 오히려 관우는 온갖 어려움을 이겨내며 보잘 것 없는 유비를 찾아갔다. 그것은 의형제에 대한 신의를 지키는 일이기 이전에 관우 자신과의 신의를 지키는 일이기도 하였다.

"짐은 도원(桃園)에서 관우, 장비와 의형제를 맺으면서 생사를 같이 하기로 맹세했다. 그런데 불행하게도 둘째 아우 관우가 오나라의 손권에게 살해되고 말았다. 만약 원수를 갚지 않는다면 이것은 맹세를 저버리는 것이다. 짐은 전국의 군사를 모두 일으켜 오나라를 쳐부수고 역적을 사로잡아 이 한을 풀려고 한다!"

형주를 지키던 관우가 육손의 계략에 빠져 형주를 빼앗기고 목숨마저 잃었다. 유비는 장비와 함께 관우의 원수를 갚기 위해 이제까지 동맹을 맺어온 손권을 공격하였다. 모든 신하가 만류하였지만, 유비는 듣지 않았다. 이 와중에 장비마저 부하들의 손에 죽자 유비는 더욱 원수를 갚는 데 혈안이 되었다. 유비와 장비가 손권을 공격하기로 한 것은 의형제로서 맹세한 신의를 지키는 일이었다. 신의를 지키는 일에서 그것이 성공하느냐, 못하느냐는 문제가 될 수 없다. 유비가 신하들의 만류를 뿌리친 것도 바로 이런 까닭이다.

관우가 조조를 뿌리치고 유비에게로 올 때 자신과의 신의를 굳건히 하였듯이 유비가 신하들의 만류를 뿌리치고 손권을 공격한 것은 유비 자신과의 신의를 지킨 것이다.

"지금 늙으신 어머님께서 갇혀 계시다는 소식을 듣고 나니 비록 금파옥액(金波玉液, 좋은 술)이라 해도 목으로 넘어가지 않습니다."(서서)
"나는 공이 떠난다는 말을 들으니 양쪽 팔을 다 잃은 것 같아 비록 용간봉수(龍肝鳳髓, 매우 진귀한 음식)라고 해도 쓰기만 하오."(유비)

유비는 수경 선생을 만나 와룡(제갈량)과 봉추(방통) 중 한 명만 참모로 초빙해도 천하를 다스릴 수 있다는 말을 듣고 이들을 찾기 위해 노력하였다. 그러던 중 서서를 참모로 맞이하여 조조군을 무찔렀다. 그런데 유비가 기뻐할 겨를도 없이 조조가 서서의 어머니를 모셔 놓고 서서에게 가짜 편지를 썼다. 어머니가 위독하니 속히 오라는 내용이었다. 서서는 효자였다. 편지를 받은 서서는 유비에게 자신이 떠나야 하는 사정을 말하였다.

유비의 참모들이 서서를 보내지 말 것을 요구하였지만, 유비는 어질고 의롭지 않은 일은 할 수 없다며 서서를 보내기로 하였다. 서서가 떠나기 전날 밤, 유비는 좋은 술과 맛있는 안주를 마련하여 서서와 마주 앉았다. 하지만 무엇 하나 먹고 싶은 것이 없었다. 헤어질 수밖에 없는 두 사람의 마음은 그 어떤 술과 안주로도 그들의 마음을 위로할 수 없었다. 이에 감동받은 서서는 유비에게 제갈량이 있는 곳을 알려 주었다.

유비는 서서에 대하여 전폭적인 신뢰와 배려를 한 결과,

자신에게 꼭 필요한 제갈량을 얻을 수 있었다. 유비는 돈으로도 살 수 없는 신뢰를 통해 삶의 목표를 앞당길 수 있었다. 신뢰는 모든 관계의 시작이다. 행복한 삶은 다른 사람들과의 신뢰를 쌓는 것에서 이루어지는 것이다.

 타인과의 신뢰 구축은 행복한 삶의 원천이지만, 일방적인 신뢰는 상처만 남기기도 합니다. 신뢰 구축에 성공하려면 어떤 방법이 좋은지 생각해 보세요.

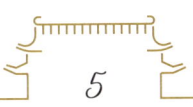

믿으면 의심하지 말라

"여러분은 병법을 모르시오. 유비는 이 세상의 누구보다도 사납고 야심찬 영웅인 데다 지략까지 겸하고 있소. 그의 군사가 처음 왔을 때는 규율이 매우 엄했지만, 지금은 유비의 군사가 싸우고 싶어도 우리가 대응하지 않기에 오랫동안 지키기만 하여 저들은 피곤하고 사기도 떨어져 있소. 지금이 바로 무찌를 수 있는 때요."(육손)

유비는 손권이 형주를 빼앗고 관우마저 죽이자 도원결의의 맹세를 지키기 위하여 대군을 이끌고 손권을 공격하였다. 손권은 여몽의 후임자인 육손을 믿고 그에게 전권을 맡겼다. 손권의 위임을 받은 육손은 유비와 싸우지 않고 지키기만 하였다. 유비군이 싸움을 걸어도 움직이지 않았다. 육손의 부하 장수들도 유비에 대항하여 싸우자고 요청했지만, 육손은 아직 때가 이르다고 하였다. 그러자 장수들은 육손이 유비를 두려워하고 있다고 투덜거렸다.

유비도 선비인 육손이 싸우기를 겁내는 것으로 여겼다. 그래서 마음 놓고 700리에 걸쳐 40여 곳이 넘는 영채를 수풀이 우거진 산기슭으로 옮겼다. 하지만 이렇게 하는 것은 병법에서 매우 꺼리는 일이다. 유비는 육손을 깔보고 병법을 무시하였던 것이다. 육손은 드디어 때가 왔다는 것을 알고 매우 기뻤다. 즉시 군사를 이끌고 유비의 대군을 공격하였다. 결국, 유비는 육손의 맹렬한 공격을 받고 크게 패하였다.

육손은 본래 글이나 읽는 선비로 그다지 유명하지 않은 인물이었다. 손권의 신하들은 그가 전투 경험이 많지 않다는 점을 들어 대군의 통솔을 맡기는 것이 적합하지 않다고 하였다. 하지만 손권은 이들의 의견을 듣지 않고 육손을 끝까지 신뢰하였다. 손권이 단순히 전투 경력만을 본 것이 아니라 육손의 전략적 능력과 잠재력을 인정하였기 때문이다.

"내 비록 일개 서생이지만 주상께서 중임을 맡기신 것은 나에게 조금이나마 취할 만한 점이 있고 또한 큰일을 위해 치욕을 참을 줄 알기 때문이다. 너희들은 각자 요충지를 단단히 지키고 경솔하게 움직이지 말라! 만일 어기는 자가 있으면 모두 목을 베겠다!"(육손)

육손은 전투 초기에 유비를 공격하지 않고 방어에만 집중하였다. 그러자 참모들은 손권에게 그를 해임할 것을 권유하였다. 하지만 손권은 육손의 결정을 신뢰하고 그의 판단을 의심하지 않았다. 그 결과, 육손은 이릉대전에서 대승을 거둘 수 있었다. 육손에 대한 손권의 변함없는 신뢰가 승리의 원동력이 되었던 것이다. 전쟁에서 승부는 병력의 많고 적음이 아니라 장수의 능력에 달려 있는 것이다. 손권은 일찍이 육손이 장수로서 뛰어난 능력을 갖추고 있음을 알았기에 전적으로 그를 믿고 응원하며 의심하지 않았던 것이다.

'손권이 공격해 오면 장료와 이전은 나가서 싸우고 악진은 성을 사수하라.'(조조)

유비가 익주를 차지하자 조조는 장로에게서 항복을 받고 한중을 차지하였다. 그러자 유비는 위협을 느꼈다. 그래서 손권이 달라고 해도 차일피일 미루며 내 주지 않았던 형주를 반으로 나눠 그 동쪽을 손권에게 주었다. 손권은 형주를 어느 정도 되찾자 10만 명의 대군을 이끌고 조조의 합비를 공격하였다. 유비의 도움도 있었지만, 조조의 주력군이 한중에 있을 때 빼앗으려고 한 것이다.

합비는 장료와 악진, 이전 등과 7,000명의 병사가 지키고 있었다. 장료는 손권이 쳐들어오자 조조의 군령장을 뜯어 보고 놀랐다. 자신과 사이가 좋지 않은 이전과 같이 싸우라고 하였기 때문이다. 하지만 장료는 금방 조조의 뜻을 알았다. 그리고 이전과 악진에게 말하였다.

"주군의 명령은 원군을 기다리지 말고 적이 전투 준비를 갖추기 전에 기세를 미리 꺾어 놓으면 수비할 수 있으니 적극적으로 나가 싸우라는 지시일 것이오."

장료가 이와 같이 해석하고 조조의 명령을 수행하려고 했지만, 역시나 두 장수가 잘 따르려고 하지 않았다. 그 이유는 장료가 여포의 부하였을 때 이전의 숙부를 죽인 것에 대한 앙금이 아직도 남아 있었기 때문이다. 악진도 장료를 마땅찮게 여겼기에 장료의 지시를 따르지 않았다. 그러자 장료가 한 번 더 외쳤다.

"성패의 기회는 이 한판의 전투에 달렸소. 여러분들이 만약 의심한다면 나 장료 혼자서 군대를 거느리고 결판을 낼 것이오!"(장료)

"이것은 국가의 큰일이니 그대의 계획이 어떠한지 돌아볼 뿐이고 내가 사사로운 감정을 가지고 공적인 대의를 잊어버릴 수 있겠는가. 청컨대 그대를 따라서 나갈 것이오."(이전)

이전은 장료의 말에 자신을 뉘우치고 장료의 뜻을 따랐다. 장료는 800명의 결사대를 이끌고 적진으로 돌격하여 수십 명의 병사와 두 명의 장수를 죽였다. 이 기세를 타고 손권의 턱밑까지 도달하여 손권의 간담을 서늘하게 하였다. 장료에게 혼쭐이 난 손권은 이후로 합비 공략을 포기하였다.

장료가 합비 전투에서 승리할 수 있었던 것은 그의 무공이 뛰어난 점도 있지만, 조조가 장료의 지략을 믿고 의심하지 않았기 때문이기도 하다. 조조가 세 장수의 관계를 모를 리 없다. 그럼에도 세 장수로 하여금 합비를 지키게 하고 사이가 좋지 않은 장수들에게 함께 싸우라고 명령한 것은 장료를 비롯한 두 장수에 대한 조조의 믿음이 강했기 때문이다. 즉, 전투 중에는 개인적인 감정을 버리고 국가 대사를 위해 싸울 것임을 알았기 때문이다. 조조의 뛰어난 통찰력과 용인술이 돋보이는 장면이다.

"원소의 군량과 군수물자는 모두 오소에 쌓여 있소. 공께서는 정예병을 추려 그곳을 불태우면 적은 사흘도 못되어 저절로 혼란에 빠질 것이오."(허유)

"원소가 군량을 저장한 곳에 어찌 방비가 없겠습니까? 승상께서는 가볍게 가셔서는 안 됩니다. 허유가 속이는 것 같습니다."(장료)

"그렇지 않네. 허유가 여기 온 것은 하늘이 원소를 망치려는 것일세. 그의 말을 전적으로 믿고 의심하지 말게."(조조)

조조는 원소와의 관도대전에서 군량이 없어 후퇴해야만 하였다. 그 순간, 원소의 참모였던 허유가 투항하였다. 조조는 허유의 말과 행동을 살펴보고는 그의 말을 그대로 믿었다. 장료가 속임수일 수 있다고 하였지만, 조조는 허유의 말을 의심하지 않았다. 그리고 곧바로 원소를 공격하여 군량미를 태워버림으로써 패색이 짙었던 전투를 승리로 만들었다.

우리는 살아가면서 여러 방면에서 많은 사람을 만난다. 이들 중에서 의심하지 않고 믿을 수 있는 사람은 누구일까. 모두를 신뢰할 수는 없다. 이는 매우 어리석은 일이다. 사람은 누구나 자신에게 가치 있는 이를 믿는다. 그러므로 나에게 가치가 있다고 판단되는 사람을 신뢰하여야 한다. 그러기 위해서는 먼저 나 또한 남에게 의심받지 않는 두터운 신뢰와 가치를 쌓아야만 한다.

공을 나눌수록
기쁨은 더해진다

'신(조조)은 처음 의병을 일으켰을 때부터 사방으로 주유하며 간적들을 정벌하면서 순욱과 한마음으로 전력을 다했습니다. 순욱은 신의 측근에서 뛰어난 전략을 내놓았으며 여러 가지의 책략을 제시했습니다. 순욱이 내놓은 방안이 실효를 거두지 않은 적이 없습니다. 순욱의 공업으로 신은 여러 차례 어려움에서 벗어났습니다. 그의 재능은 구름을 가르고 해와 달이 빛나는 것과 같았습니다. 폐하께서 허도로 행차하시자 순욱은 좌우에서 가까이 모시면서 정치와 군사를 담당했으며 충직하고 겸손한 마음으로 오로지 폐하께서 평안하시기를 바라며 마치 살얼음을 디디는 것처럼 조심스럽게 여러 가지의 일을 치밀하게 연구하며 많은 일을 처리했습니다. 천하가 지금처럼 안정된 것은 순욱의 공입니다. 마땅히 높은 관작을 내리시어 그의 공을 으뜸으로 표창해야 합니다.'〈조조〉

조조는 관도에서 원소와의 힘겨운 전투를 벌였다. 원소가 전력 면에 있어서 월등히 앞섰기 때문이다. 그런데도 조조가 승리할 수 있었던 것은 조조의 참모인 순욱의 탁월하고 치밀한 전략과 전술 때문이었다. 조조는 이것을 잊지 않고 전투가 끝난 후 누구보다도 먼저 황제에게 순욱의 공을 치하하는 표문을 올렸다. 어려운 전투를 승리로 이끈 순욱의 공적을 알리고 그에 합당한 포상을 함으로써 조조 자신은 물론 군의 사기를 높이려고 한 것이다.

조조가 순욱의 공을 높이려고 하자 순욱은 전쟁터에서 공을 세우지 못했다는 이유로 이를 사양하였다. 그러자 조조가 순욱을 불러 간곡하게 부탁하였다.

"그대와 더불어 일을 해 오면서 조정을 바로 세울 때 그대는 함께 폐하를 크게 보필했으며 그대와 함께 수많은 인재를 추천했고 그대와 함께 여러 가지 계책을 세웠으며 그대와 함께 비밀리에 모략을 꾸민 적도 한두 번이 아니다. 야전에서 공을 세우지 못했다는 말로 사양하지 마시오."

순욱도 더 이상 조조의 부탁을 떨치지 못하고 받아들였다. 조조는 이처럼 승리의 기쁨을 자신만의 공으로 돌리지 않았다. 전투에 참여한 참모와 장수 및 병사들의 공을 적극적으로 인정하고 나누는 데 탁월하였다. 특히, 원소 휘하에 있던 장수인 장합과 고람이 조조에게 투항하자 이들의 역량을 평가하여 새로운 지위를 주었다. 더 나아가 이들이 전투에서 공적을 세우면 이들과도 승리의 공을 나누며 아군으로서의 자부심을 느끼도록 하였다.

조조가 부하들과 공을 나누는 방식은 인재를 끌어들이는 데도 중요한 역할을 하였다. 그는 자신만의 능력에 의존하지 않고 뛰어난 인재들을 적재적소에 배치해 공을 세우게 만들고 그에 맞게 포상하는 것을 아끼지 않았다. 조조는 순욱뿐 아니라 순유, 정욱 등 참모들이 좋은 전략과 전술을 제안할 때면 이를 적극적으로 활용하였고 그때마다 그들의 공로를 인정하고 그들과 공을 나눔으로써 자신을 도와 함께 일하는 것을 영광스럽게 여기도록 만들었다. 조조는 이처럼 공을 나누는 과정에서 신하들의 충성을 이끌어 내고 그로 인해 더 많은 승리를 거두며 자신의 세력을 확장할 수 있었던 것이다.

> "내가 의병을 일으켜 난세를 평정한 지 지금까지 19년이 흘렀는데, 정벌하여 반드시 이긴 것이 어찌 나의 공이겠는가. 이는 즉 현사(賢士) 대부(大夫)들의 공이다. 천하가 아직 모두 평정되지는 못했으니 나는 응당 현사 대부들을 맞아들여 함께 천하를 평정해야 할 것이다. 그러나 그 공로를 나 혼자 누린다면 어찌 내 마음이 편하겠는가! 시급히 공을 정해 업적에 맞게 포상을 제안하라."(조조)

조조는 원소를 무찔러 하북 지역을 평정한 후 헌제로부터 3만 호의 식읍을 받았다. 조조는 이를 모두 참모들과 군사들에게 나누어 주어 그들의 노고에 조금이나마 보답하였다. 순직한 자의 고아들에게도 차등을 두어 혜택을 주었다.

기쁨은 반드시 커다란 성취가 있을 때만 느끼는 것은 아니다. 아주 사소한 일에서도 더 큰 기쁨을 얻을 수 있다. 어떤 일에 대한 성취는 그에 따른 기쁨을 예상할 수 있지만, 사소한 일에 대해서는 기쁨을 생각하지 않는다. 그렇기에 생각지 않았던 곳에서의 기쁨은 그것이 비록 작은 것일지언정 배가될 수밖에 없는 것이다. 이러한 기쁨은 자신의 성과를 혼자만의 것으로 여기지 않고 남들과 나눌 때 더욱 그러하다.

> "제갈량은 군사가 되고 관우는 탕구장군, 장비는 정로장군, 조운은 익군장군, 황충은 토로장군, 위연은 아문장군, 마초는 평서장군에 임명한다. 엄안은 전장군, 법정은 촉군태수로 임명하고 손건·간옹·미축·마속·장완 등 모든 문무 관원들도 승진시키도록 하시오." (유비)

유비는 유장으로부터 익주를 물려받자 이제까지 익주를 차지하는 데 도움을 준 참모들을 승진시켰다. 아울러 투항한 유장의 참모들도 다시 등용하고 끝까지 유장 편에 선 인재들도 발탁하여 다시 직위를 주었다. 그러자 익주는 예전에 유장이 다스릴 때보다 더욱 활기를 띠었고 백성들도 모두 유비를 칭송하였다.

유비는 익주를 차지하면서 제갈량이 제시한 '천하삼분계책'을 완성하였다. 유비 자신이 그토록 꿈에 그리던 천하통일의 발판을 마련한 것이니 그 기쁨은 말로 다 표현할 수 없었으리라. 유비만큼 어려움을 이겨낸 군주는 없다. 그런데 그러한 유비를 따르고 충성을 다한 장수와 참모들이 있었다. 유비가 그들에게 공을 나눠 주는 것은 당연하다. 유비는 이에 머물지 않고 자신을 반대한 유장의 참모들에게도 직위를 주어 전처럼 일을 계속하도록 하였다. 이는 익주의 민심과 정치를 안정시키는 데 매우 중요한 조치였다. 이처럼 유비는 공을 나누어 민심과 정치적 안정이라는 두 가지 효과를 얻었다.

"노숙! 내가 안장을 짚고 말에서 내려 맞았다면, 그대의 공을 충분히 빛낼 수 있지 않았겠소?"(손권)
"충분하지 못합니다. 제가 원하는 것은 존귀한 군주의 위엄과 덕망이 천하에 더해져 구주를 통일하여 제왕의 사업을 완수하고 다시 특별한 수레로서 현명한 인사들을 부르고 저를 부르신다면, 비로소 빛날 뿐입니다."(노숙)
"하하하! 그렇게만 된다면 무엇인들 못하겠소이까."(손권)

손권이 참모인 노숙의 공을 치하하기 위하여 말에서 내려와 노숙을 맞이하였다. 군주로서 신하에게 최고의 예를 베푼 것이다. 그럼에도 노숙은 충분치 못하다고 하면서 손권이 황제가 되도록 보좌할 터이니 그때 자신을 별도의 수레에 태워 달라고 하였다. 손권의 예우에 노숙은 더욱 충성을 다하기로 맹세한 것이다. 손권은 노숙이 죽고 나서 제위에 올랐다. 제왕이 되어 신하들과 기쁨을 나누며 제일 먼저 한 말이 과거 노숙이 한 말이었다.

조조나 유비, 손권은 부하들에게 공을 돌려 포상함으로써 자신들의 신뢰감을 보여 주었다. 이러한 신뢰를 받은 부하들은 각자의 주군에게 더욱 충성하였고 이는 조조와 유비, 손권의 더 큰 기쁨이 되었다. 기쁨을 나누는 것은 서로 간의 신뢰를 쌓는 든든한 기초가 된다. 이는 상대방의 노력과 헌신을 인정하는 것이고 서로에게 긍정적인 영향을 미쳐 더 큰 기쁨으로 돌아오기 때문이다.

상대방에 대한 칭찬과 베풂은 내게 기쁨으로 돌아옵니다.
조직의 리더로서 난세를 이겨내는 베풂은 무엇인지
생각해 보세요.

자만은 절대 금물이다

"길 복판에 영채를 치는 법이 어디 있는가. 이 옆 산은 동그마니 사방에 이어진 줄기가 없고 또한 수목이 우거져 있으니 바로 하늘이 내려 주신 요충이오. 산으로 올라가 군사를 주둔시켜야 하겠소."(마속)

"잘못 생각하신 것이오. 길을 막고 군사를 주둔시킨 후 방책을 쌓는다면 설령 10만 명의 적군이 쳐들어온다 해도 방책을 넘어올 수 없지만, 만약에 중요한 길목을 버리고 산마루에 군사를 주둔했다가 갑자기 위군이 몰려들어 사방으로 에워싼다면 무슨 수로 보호하겠소?"(왕평)

제갈량이 북벌 준비를 끝마쳤을 때 위나라 조예는 다시 사마의를 불러 제갈량을 막으라고 하였다. 제갈량은 사마의가 다시 등장하자 매우 걱정하였다. 그는 사마의가 가정으로 와서 촉군의 중요한 길목을 끊으려고 할 것이니 먼저 가정을 지키려고 하였다. 그러자 마속이 가정을 지키겠다고 하였다. 제갈량은 마속에서 조심하고 또 조심하여 처리하라고 부탁하였다. 그래도 불안해지자 고상과 위연을 보내 마속을 지원하고 길목을 막도록 하였다.

마속이 가정의 지세를 살펴보고는 산 위에 군사를 주둔시켰다. 그는 높은 지대에서 적을 제압할 수 있을 것이라고 생각하였다. 하지만 이는 큰 실수였다. 산 위에 진을 치면 보급로를 유지하기 어렵고 적에게 포위당할 위험도 있기 때문이다. 제갈량이 걱정한 것이 바로 이것이었지만, 마속은 자신의 판단을 과신하고 그대로 강행하였다. 그러자 사마의는 마속을 포위하여 식수를 끊어버렸다. 결국 마속의 군사들은 자중지란에 빠져 후퇴할 수밖에 없었다.

마속은 뛰어난 재능과 학문을 겸비한 인물로 제갈량이 누구보다 신뢰한 장수이다. 그런데 자신의 능력만 믿고 자만심에 빠져 중대한 전투에서 전략적인 실수를 범하고 패배하였다. 결국 제갈량은 아끼는 마속을 처형함으로써 군율을 세울 수밖에 없었다. 마속의 자만은 촉을 위기로 몰아넣었고 자신의 목숨마저 잃는 치명적인 결과를 초래하였다.

마속의 실패는 아무리 뛰어난 지략과 지식을 지닌 인물이라 하더라도 실전에서의 경험과 냉철한 판단력이 중요하다는 것을 알 수 있다. 이를 무시하고 자만심에 빠지면 치명적인 실수를 범할 수 있기 때문이다.

"지금 조조의 군사가 막 도착했으니 영채와 방어 목책을 세우기 전에 공격해야 합니다. 지금까지 쉬면서 기운을 차린 군사로 피로한 군사를 쳐서 이기지 못한 사람은 없습니다."(진궁)
"나는 이제 여러 번 패했소. 가벼이 나아가서는 아니 될 것이오. 하비성은 사수가 천연의 요새를 이루고 있으니 가만히 앉아서 지켜도 잃을 걱정이 없소. 저들이 쳐들어오면 그때 공격하여 모두 사수 속으로 쓸어 넣겠소."(여포)

여포는 천하무적을 자랑하는 무예를 지닌 장수이다. 그런데 그는 뛰어난 무예는 갖추었지만, 리더로서 필요한 전략적 지혜는 갖추지 못하였다. 오직 무력만 믿고 이리저리 오가며 배신을 일삼았다. 자신은 불패의 존재라는 자만심에 빠져 참모인 진궁의 말도 믿지 않았다. 오직 자신의 강력한 무력만으로 조조를 물리칠 수 있다고 생각하였다.

조조는 여포의 이러한 자만을 꿰뚫어 보고 전략적으로 서주를 포위하여 고립시켰다. 여포는 포위된 상황에서도 부하들을 의심하고 신뢰하지 않았다. 오히려 충정에서 우러난 행동을 이해하지 않고 죽이려고까지 하였다. 여포의 이러한 행동은 부하들의 이탈을 가져왔고 결국은 부하들에게 배신당해 조조에게 생포되었다.

"공께서는 정원과 동탁의 일을 잊지 않으셨겠지요?"(유비)
"네 놈이 진정 믿을 수 없는 놈이구나! 귀 큰 놈아! 원문 밖 극을 쏘던 때를 잊었느냐?"(여포)

조조에게 끌려온 여포는 자신을 풀어 주면 조조를 도와 천하를 평정하는 데 앞장서겠다고 하였다. 조조는 귀가 솔깃하였다. 그래서 유비에게 의견을 물었다. 그러자 유비는 조조에게 여포의 지난 행적을 잊지 말라고 하였다.

여포는 처음에 정원의 양아들로 그를 모시다가 동탁의 꾀임이 빠져 정원을 죽이고 동탁에게 갔다. 여포는 다시 동탁의 양아들이 되어 동탁을 지켰다. 그러다가 초선의 미인계에 빠져 동탁을 죽였다. 이처럼 배신을 일삼는 여포였기에 유비는 조조에게 여포를 살려 주면 그에게 죽임을 당할 수 있다고 말한 것이다.

여포도 유비가 밉기는 매한가지였다. 원술이 여포를 다독여 놓고 유비를 공격하여 없애려고 할 때 자신이 화살을 쏘아 창끝을 맞힘으로써 전투를 막고 유비를 구해 준 적이 있기 때문이다. 그때 여포가 유비에게 "오늘의 은혜를 잘 기억하여야 한다."라고 하였고 유비도 여포의 말에 감사 인사를 하였다. 그런데 정작 그 은혜를 베풀 시기에 조조에게 죽이라고 하였으니 유비를 욕할 수밖에 없다. 여포는 줄곧 일삼아왔던 배신 행위로 인해 자신의 목숨이 위태로울 때 유비에게 배신을 당하여 죽게 된 것이다.

우리는 마속과 여포의 사례를 통해 지나친 자만이 가져오는 위험이 얼마나 큰 것인지를 알 수 있다. 특히, 리더나 중요한 결정을 내리는 위치에 있는 사람은 늘 자만하지 않도록 경계하고 조심해야만 한다.

"나는 의병을 일으킬 때부터 국가를 위해 역적들을 제거하여 사해(四海)를 쓸어 내고 천하를 평정하려 하였는데 이제 평정하지 못한 곳은 강남뿐이다. 지금 나에게는 100만 대군이 있고 또한 명령에 따라 움직여 주는 여러분이 있으니 성공하는 것쯤 무슨 걱정이 있겠느냐? 강남을 정복한 다음에는 천하가 평안할 터이니 그때는 제공(諸公)들과 함께 부귀나 누리며 태평 세월을 즐겨야겠다."(조조)
"하루빨리 개선가를 부르고 우리 모두 평생토록 승상의 보호를 받으며 사는 것이 소원입니다."(조조의 장수들)

조조가 백만 대군을 이끌고 적벽에서 유비와 손권의 연합군을 물리치고 삼국통일을 달성하려고 하였다. 조조가 병사와 전선을 점검하였다. 모두가 질서정연하고 전투 준비도 마쳤다. 날씨는 맑고 바람도 불지 않아 승리만 남은 상황이었다.

조조는 편안하고 기쁜 마음에 장수들과 함께 밤늦게까지 술을 마셨다. 조조는 전쟁을 앞두고 스스로 자만에 빠져 으쓱대다가 연합군의 화공에 크게 패하고 삼국통일의 꿈도 깨졌다.

일이 잘되어 간다고 너무 좋아하며 자만하다가는 조조처럼 낭패를 볼 수 있다. 일이 잘될수록 자만하지 않고 겸손한 자세로 현명하게 상황을 판단하는 것이 필요하다. 자만은 평생 닦아온 것을 한순간에 잃게 만들 수도 있기 때문이다.

한순간의 그릇된 판단이 조직의 운명을 바꾸는 경우가 있습니다. 자신이 그러한 위치에 있다면 가장 먼저 고려해야 할 사항은 무엇인지 생각해 보세요.

부드러움이 강함을 이긴다

"조조는 백만 대군을 거느리고 천자의 명을 앞세우며 왔으니 항거하면 역적이 됩니다. 더욱이 주공의 형편으로 조조를 막을 수 있는 것은 장강뿐인데, 지금 조조는 이미 형주를 손에 넣어 장강마저 우리와 공유하게 되었습니다. 조조의 위력을 당해낼 수는 없을 듯합니다. 제 생각에는 조조에게 항복하는 것이 만 번 안전한 계책입니다."〈장소〉

조조는 적벽대전을 앞두고 손권에게 항복하라는 편지를 보냈다. 이 편지를 본 손권과 신하들은 조조에게 맞설 것인지, 항복할 것인지를 놓고 설전을 벌였다. 손권의 최측근인 장소가 항복만이 제일 안전한 계책이라고 하였다. 그러자 여러 문신이 저마다 '그것이 하늘의 뜻'이라며 맞장구를 쳤다.

손권이 영입한 참모인 노숙은 생각이 달랐다. 유비와 연합하여 조조에게 대항하는 것이 옳다고 생각하였다. 하지만 손권은 결정을 내리지 않고 머뭇거리기만 하였다. 이에 노숙은 제갈량을 데려와 자기와 같은 생각을 손권에게 말해 주기를 바랐다. 제갈량은 오나라의 신하들과 설전을 벌이고 손권을 만나 조조에게 대항해야만 하는 이유를 설명하였다. 손권은 노숙과 제갈량에 이어 군사를 총괄하는 주유의 생각을 알고 싶었다. 그러자 주유는 단호하게 말하였다.

"항복이라는 말은 세상 물정에 모르고 융통성 없는 선비들이나 하는 말입니다. 강동은 개국한 이래 지금까지 3대나 되었습니다. 어떻게 하루아침에 버릴 수 있단 말입니까?"(주유)

"그렇다면 무슨 방법이 있소?"(손권)

"조조가 비록 한나라의 승상을 칭하고 있지만, 실상은 한나라의 역적입니다. 장군께서는 영명하고 위풍당당하신 영웅으로 아버님과 형님의 기업을 물려받아 강동을 지키고 계십니다. 우리의 군사도 강력하고 군량도 풍부하니 마땅히 천하를 주름잡을 수 있으며 국가를 위하여 포악한 적들을 쓸어버릴 수 있을 터인데 어찌 역적에게 항복한단 말입니까?"(주유)

주유는 조조가 네 가지 금기 사항을 어겼기에 패할 수밖에 없다고 하였다. 첫째는 마등과 한수 등 후방을 평정하지 못해 오래 있을 수 없고, 둘째는 수전(水戰)에 약한 군사들이 싸우러 왔고, 셋째는 한겨울에 와서 말먹이가 없으며, 넷째는 기후와 풍토가 맞지 않아 질병에 걸릴 것이라고 장담하였다. 그러자 그때까지 중립적인 태도를 보이던 손권이 차고 있던 칼을 뽑아 앞에 있던 책상의 모서리를 내리치며 외쳤다.

"대신들 중에 또다시 조조에게 항복하자고 하는 자가 있다면 족히 이처럼 될 것이오."

손권은 조조와의 전투를 앞두고 내부에서 분열이 생기자 처음부터 강하게 밀어붙이지 않고 부드러운 전략을 택하였다. 내부 분열이 심할 때 어느 한쪽을 선택하면 더 큰 우환거리가 생겨 자칫 위태로운 상황이 될 수 있기 때문이다. 이처럼 손권은 부드러운 우회 전략으로 쓸데없는 소모와 피해를 줄이는 한편, 돌아가는 상황을 냉정하게 분석하여 결정적인 순간에 유비와 연합하여 조조에 대응하는 단호한 결정을 내림으로써 실속도 함께 챙겼다.

"네 아우 식은 알다시피 평소 술을 너무 좋아해 행동이 거칠고 난잡하다. 모두 제 재주만 믿고 버릇없이 구는 것이니 너는 한 뱃속에서 태어난 정을 생각해 그 애를 살려 주어야 한다. 그래야만 내가 죽더라도 눈을 감을 것이다."(변황후)
"저 역시 동생의 재주를 깊이 사랑합니다. 어찌 동생을 해치겠습니까? 지금은 바로 그 동생의 버릇을 고쳐 주려는 것뿐입니다. 어머님께서는 너무 걱정 마십시오."(조비)

조조가 죽고 맏아들인 태자 조비가 그날로 왕위에 올랐다. 둘째 조창은 군사를 넘겼건만, 셋째 조식은 부친의 부음 소식을 듣고도 달려오지 않았다. 화흠이 마땅히 죄를 물어야 한다고 청하자 조비는 즉시 허저를 보내 술에 취한 조식을 잡아 왔다. 그러자 무선황후 변씨가 나서 조비에게 동생을 살려 줄 것을 청하였다.

조조가 살아 있을 때 조식은 형 조비와 후계자 문제로 항상 경쟁 관계였다. 따라서 조비는 조식이 껄끄러운 존재였다. 어머니가 간곡하게 부탁하니 차마 죽일 수는 없지만, 이번 기회에 권력의 울타리에서 떨어내고 싶었다.

마침내 조식이 들어와 조비에게 엎드리고 죄를 청하였다. 조비는 일곱 걸음을 떼기 전에 시 한 수를 지으면 목숨은 살려 주겠지만 만일 그렇지 못하면 용서하지 않겠다고 하였다. 조식은 일곱 걸음을 옮기며 시 한 수를 지었다. 그러자 조비가 다시 말하였다.

"너는 내 말이 떨어지자마자 시 한 수를 짓되, '나와 너는 형제다.'를 제목으로 삼아라. 시 속에 형(兄)자나 제(弟)자가 들어가서는 안 된다."(조비)

콩을 볶는다고 콩깍지를 태우니
콩이 가마 속에서 흐느끼네.
원래가 한 뿌리에서 나왔거늘
어찌 이리도 호되게 들볶는가.(조식)

조식은 곧바로 시 한 수를 지었다. 가히 분함과 애원이 넘치는 시였다. 조조 삼부자는 원래부터 시를 짓는 일에도 뛰어난 재능을 보였다. 따라서 조비도 시를 잘 지었다. 하지만 조식을 넘어설 수는 없었다. 조비는 조식의 시를 접하고 그의 문학적 재능을 인정할 수밖에 없었다. 그래서 관직을 안향후(安鄕侯)로 강등하여 다시는 궁전으로 들어오지 말라고 명령하고 풀어 주었다.

조식은 형인 조비와의 권력 다툼에서는 패했지만, 그의 탁월한 문학적 재능은 무력을 앞세운 조비의 마음을 움직여 죽음의 위기에서 벗어나게 하였다. 붓은 칼보다 강하다. 조식은 칼처럼 강한 무력이 아닌 붓처럼 부드러운 문학적 재능으로 자기 생각을 밝힘으로써 죽음의 위기를 벗어날 수 있었다.

"우금 등이 당신의 포로가 되자 먼 곳이든 가까운 곳이든 간에 그대를 존경하고 찬탄하였으며 장군의 공훈은 세상에 영원할 것으로 생각하고 있습니다. 비록 옛날 진문공(晉文公)이나 한신도 그대를 넘을 수는 없을 것입니다. 조조는 교활한 적입니다. 그는 은밀히 병사를 늘려 뜻을 이루려고 할 것입니다. 장군께서는 여러 방침을 만들어 꼭 승리하기를 바랍니다. 나는 서생으로 재능이 없고 학문이 얕으며 행동은 더딘데, 감당하지 못할 직무를 맡게 되었습니다. 나는 당신을 존경하며 좋은 대우와 가르침을 받고 싶습니다. 위엄과 덕행이 있는 당신과 이웃이 되어 기쁘며 나의 마음을 전부 기울이고 싶습니다."(육손)

손권의 참모인 여몽과 육손은 관우가 용맹하여 함부로 형주를 뺏을 수 없다는 것을 알았다. 그래서 군사적 공략이 아닌 부드러운 말로 관우의 경계심을 푸는 심리전으로 전략을 바꿨다. 즉, 관우의 업적을 칭송하고 오나라는 영원히 관우를 의지하겠다고 속였다. 결국, 육손의 전략은 대성공을 거두어 형주를 뺏는 데 성공하였다.

부드러움은 단순히 약함이나 나약함을 의미하지 않는다. 부드러움은 유연함, 이해, 공감 그리고 사람 간의 관계를 잘 이끌어 나가는 능력을 포함한다. 물은 세상에서 가장 부드럽지만, 단단한 바위도 뚫을 수 있다. 물은 쉽게 형체가 바뀌고 가장 약한 것처럼 보이지만, 끊임없는 유연성과 인내로 돌을

깎고 길을 만든다. 물이 바위를 깎아 내는 것처럼 부드러움은 단단한 것보다 지속적이고 강력한 힘을 발휘한다. 부드러움은 강압적인 힘으로 얻을 수 없는 변화를 이끌어 낼 수 있는 것이다.

 유연한 사고력은 강철같은 부드러움을 발휘합니다.
유연한 사고력을 키우는 방법을 찾아보세요.

ބ

어떤 주인공이 될 것인가

지혜

智慧

행복한 삶의 기준은 무엇인가

"나는 여섯 살 적은 동생이 단지 전략밖에 가지고 있지 않는 줄로만 알았는데, 이제 와서 보니 학식이 넓고 밝아 더이상 예전의 여몽이 아니구려."(노숙)

"학자는 헤어져 사흘이 지나면 눈을 비빈 후에 다시 만나야 합니다. 사람은 삼 일을 만나지 않으면 똑똑히 눈을 크게 뜨고 상대가 어떻게 변했는지 뜯어 볼 필요가 있습니다."(여몽)

오나라의 여몽은 뛰어난 무예를 지닌 장수지만 글은 읽을 줄 몰랐다. 손권이 여몽의 공적을 인정하여 대장군으로 삼고자 하였지만, 여몽의 이러한 단점 때문에 쉽게 임명할 수 없었다. 이를 안타깝게 여긴 손권이 여몽에게 공부를 많이 하여 스스로 견식을 넓힐 것을 주문하였다. 그러자 여몽은 "군중에는 항상 일이 많아 책을 읽을 여유가 없다."라고 대답하였다. 독서는 학자들이나 하는 것이고 자신은 군대를 이끌고 전장에서 싸워 이기는 장수라고 생각하였기 때문이다.

"내가 어찌 경보고 경전을 공부해서 박사까지 되기를 바라겠소? 다만 경전을 읽어서 옛사람들이 어떤 일이 있었는지 알기를 바랄 뿐이오. 경이 '일이 많다.'라고 했는데, 나와 비교해서는 어떻겠소?"(손권)

여몽은 손권의 말을 듣고 깊이 깨우쳐 열심히 글공부를 시작하였다. 여몽이 글공부에 집중한 지 오래지 않아 그 뜻이 흔들리지 않았다. 그러자 여몽 주위의 사람들이 학문적으로 그를 이길 자가 없게 되었다. 노숙이 주유의 후임으로 임명되어 여몽을 만났다. 이때 여몽을 만나 대화를 나눈 노숙은 여몽의 식견이 월등해진 것을 보고 깜짝 놀랐다. 노숙은 반가움에 여몽과 친구 관계를 맺었다. 이후 노숙이 죽음을 앞두고 손권에게 자신의 후임으로 여몽을 추천하였다. '다른 사람의 학식이나 재주가 깜짝 놀랄 만큼 늘었음'을 의미하는 '괄목상대(刮目相對)'라는 고사성어는 바로 여몽의 뛰어난 배움에서 나왔다.

> "지금 유비와 손권이 비록 한 집안이 되었지만, 관우는 실로 곰이나 범 같은 장수인데, 어찌 계획을 미리 정하지 않을 수 있습니까?"(여몽)

노숙은 유비와의 동맹으로 힘을 모아 조조에게 대항하는 전략을 펼쳤다. 노숙의 전략은 촉나라와의 우호 관계를 중시한 것이다. 그러나 후임인 여몽의 생각은 달랐다. 그는 관우가 평소에 형주를 차지할 야심을 가졌다고 믿었다. 특히, 장강 상류에 해당하는 형주를 방치하여 관우에게 넘겨 준다면 촉오 동맹을 넘어 오나라의 안전마저도 위협받을 수 있다고 판단하였다. 따라서 형주를 잃지 않기 위해서는 빨리 행동을 꾀하지 않으면 안 되었다.

여몽은 뛰어난 계략으로 형주를 빼앗고 관우마저 죽게 했다. 손권은 형주를 차지하고 베푼 연회에서 "내가 오랫동안 형주를 환수하지 못하다가 이번에 거의 힘도 안 들이고 얻게 된 것은 모두 여몽 덕분이오."라며 칭송하였다. 손권에게 깨우침을 얻은 여몽이 열심히 견문을 넓혀 마침내 손권에게 보답한 것이다.

"지금 공과 천하를 다투는 자는 오직 원소뿐입니다. 원소의 모습은 겉으로는 관대하나 안으로는 꺼리고 남에게 일을 맡겨도 그의 마음을 의심하지만 공은 명달하고 구애되지 않아 재능으로서만 그 마땅한 바를 맡기니 이것은 도량에서 이긴 셈입니다. 원소는 우유부단하여 결단을 못 내려 기회를 잃기 십상이고 군대를 거느림에 관대하고 느슨하여 법령이 제대로 서지 않으니 비록 사졸들이 많다고 해도 그 실상은 쓰기 어렵습니다. 또한 원소는 대대로 쌓아온 자금에 힘입어 조용히 지혜로써 꾸미고 명예를 거두어들이기에 능력 없는 자들만 있습니다."〈순욱〉

조조가 원소와의 관도대전을 앞두고 있을 때였다. 원소가 대군을 거느리고 있는 것에 비해 조조의 전력은 하찮았다. 조조가 이를 걱정하자 순욱이 나서서 조조가 원소에게 승리할 수밖에 없는 네 가지 이유를 말하며 승리를 장담하였다.

조조는 순욱의 말에 용기를 얻어 원소를 물리치고 대업의 발판을 굳혔다.

조조는 '천하통일'과 '혁신을 통한 새로운 국가 건설'이라는 비전과 목표를 세우고 난세를 치열하게 살았다. 이를 위해 그는 인재 중심의 정치를 펼쳤으며 재능 있는 인물이라면 출신이나 배경에 상관없이 기용하는 유연한 태도를 보였다. 조조는 위선과 명분이 지배하던 시대의 폐해를 누구보다 잘 알고 있었다. 그는 난세일수록 명분보다 실리가 필요하다고 여기고 이를 자신의 비전 달성 방법의 최우선에 두었다. 조조의 세력이 강력해질 수 있었던 것도 바로 이러한 실리적 목표와 이에 맞는 인재 활용 덕분이었다.

"조조는 군대를 거느리는 30여 년 동안 손에서 책을 놓은 적이 없었다. 그리하여 낮에는 병법과 책략을 강론하고 밤에는 경전을 연구하였다. 또한 경치 좋은 곳을 만나면 반드시 시를 읊었고 새로운 시가 지어질 때마다 악장이 만들어지곤 하였다. 그는 몸소 10여만 자의 병서를 지었으며 여러 장수가 싸움에 나갈 때는 자신이 지은 병서를 활용하도록

하였다."(「삼국지」진수)

조조는 전쟁터에서도 책을 읽었다. 전쟁 중 얻은 경험과 병서와 경전 등의 독서를 통해 얻은 지식으로 새로운 전략을 마련하는 데 주저하지 않았다. 그는 전투에서의 승패와 상관없이 항상 전략과 전술을 수정하고 보완하였다. 더 나아가 병법은 물론 백성들의 구제에 이르기까지 쉼 없이 고민하였다. 낮에는 천하통일에 전념하고 밤에는 태평성대를 위한 방법을 연구하였다. 이처럼 조조는 다방면에 걸친 학습과 시대에 맞는 새로운 변화를 추구하여 삼국을 호령하는 영웅이 될 수 있었다.

우리는 각기 다른 삶과 행복한 미래를 꿈꾼다. 이는 각자의 세계관과 가치관의 기준이 다르기 때문이다. 그렇다면 인생의 중심기에 접어들면서 행복의 기준은 무엇일까? 바로 자신이 원하는 삶을 사는 데 필요한 능력을 개발하는 것이라고 생각한다. 이는 누구보다 자신의 장단점과 처지를 잘 알고 대처하는 때가 중년이기 때문이다. 또한 한편으로 자신의 비전과 목표 달성을 위한 최적의 계획표를 작성할 수 있는 위치에 있다는 뜻이기도 하다. 따라서 중년이야말로 본격적으로 행복한 삶을 준비하고 다지는 시기인 것이다.

"하루 종일 안 먹고 잠도 안 자고 생각해도 다 무익한데, 오로지 배우는 것은 달랐다."(공자)

성인 공자는 평생 배우는 것을 좋아하셨다. '배우고 수시로 익히는 즐거움'이 곧 행복한 삶이었다. 현대 사회는 급변하는 시대이다. 평생교육 시대가 된 지도 오래이다. 중년의 나이는 시대의 변화를 알아야 하는 또 다른 학령기이다. 이는 바로 자신을 위한 것이자 가족과 사회 더 나아가 국가를 위해서도 필요한 것이다. 그러므로 공자가 그랬던 것처럼 자기 계발에 힘쓰자. 자신의 비전과 목표 달성을 위한 자기 계발에서 중년의 신선한 행복을 찾자.

난세를 이겨내기 위해서는 언제나 배움이 필요한데, 지금 내게 필요한 교육이 무엇인지 한두 개 생각해 보세요.

건강은 모든 삶의 원동력이다

"공명은 침식을 어떻게 하고 일 처리는 어떻게 하는가?"(사마의)

"승상께서는 일찍 일어나시고 밤늦게 주무십니다. 곤장 20대 이상의 벌은 모두 직접 처리하시고 하루 식사도 아주 조금 드십니다."(촉의 사신)

"공명이 먹는 건 적고 일은 많으니 어찌 오래 버틸 수 있겠느냐?"(사마의)

사마의가 제갈량의 전략에 걸려 호로곡에서 죽을 고비를 넘긴 후부터는 성 밖으로 나가지 않고 수비에만 치중하였다. 그러자 제갈량은 부인이 쓰는 두건과 옷을 보내 사마의를 조롱하였다. 그는 사마의를 화나게 하여 성문을 열고 나와 싸우도록 유도한 것이다. 하지만 사마의는 꿈쩍도 하지 않았다. 오히려 제갈량이 보내온 사자를 통해 제갈량의 행동을 낱낱이 파악하였다. 이 과정에서 사마의는 제갈량의 전략에 말려들지 않고 머지 않아 제갈량이 죽을 것이라는 정보까지 알아내는 성과를 거두었다.

제갈량은 유비와 수어지교의 관계였다. 유비가 이릉대전에서 패하고 백제성에서 죽을 때 제갈량에게 자신의 아들 유선을 부탁하였다. 제갈량은 승상이 되어 유비의 유언을 충실히 지켰다. 촉나라는 삼국 중 제일 인재가 적었다. 더욱이 제갈량이 신임할 수 있는 장수들마저 전투에서 사망하면서 인재난은 더욱 심해질 수밖에 없었다 자연히 모든 업무는 승상 제갈량에게 집중되었다. 더욱이 제갈량은 꼼꼼하고 완벽한 성격이었다. 그는 매사에 모험을 좋아하지 않고 돌다리도 두들겨 보며 심사숙고하였다. 이는 제갈량 자신의 성격이기도 하였지만, 촉의 운명이 자신의 한 번의 판단에 달려 있기에 더욱 그리할 수밖에 없었다.

이처럼 제갈량에게 과중하게 부여된 업무는 그의 건강에

치명타가 되었다. 하지만 제갈량은 스스로 쉴 수 없었다. 촉의 운명과 미래를 생각하면 할 일이 태산이었다. 제갈량은 북벌하기 전 후주 유선에게 출사표를 바쳤다. 그 내용 중에 '삼가 몸과 마음을 바쳐 수고로움을 다할지니 다만 죽은 후에나 그칠 따름'이라고 하였다. 제갈량 자신도 죽어서야 끝날 일이란 것을 알았던 것이다.

"아, 사마의가 나를 깊이 알고 있구나!" (제갈량)

제갈량은 사마의가 자신의 건강에 대하여 훤히 알고 있는 것을 탄식하였다. 제갈량의 탄식은 자신의 건강 탓만은 아니다. 자신의 사후 사마의를 대적할 만한 후임자가 없는 것을 알았기에 그에게 휘둘릴 촉의 운명을 생각하고 더욱 깊이 탄식하였던 것이다. 제갈량의 죽음은 한 국가의 지도자를 잃은 것보다 더한 촉의 운명이 달린 위태로운 것이다. 즉, 제갈량의 죽음은 촉의 쇠퇴와 멸망으로 이어졌으니 인재가 부족한 촉으로서는 어쩔 수 없는 일이었다.

"너는 이 성을 지킬 수 없다. 첫째는 술만 마시면 어기차게 주사를 부리며 병사들을 매질하고 둘째는 남의 충고를 듣지 않고 경솔하게 일을 처리하니 나는 마음을 놓을 수 없다."(유비)

"지금부터는 술도 안 마시고 병사도 안 때리겠소. 그리고 모든 일을 충고대로 하면 될 것이 아닙니까?"(장비)

장수치고 술을 좋아하지 않는 자는 드물다. 장비는 술을 좋아하였다. 주량도 대단하여 한 번에 한 말은 거뜬하였다. 그런 장비가 술잔을 잡으면 취하도록 마셨다. 그런데 술버릇도 나빠 매번 부하들을 때렸다. 유비는 장비의 이러한 모습을 여러 차례 꾸짖었다. 장비는 그때마다 유비의 질책을 잘 따르겠다고 하였다. 하지만 그것이 어디 쉬운 일인가. 장비는 말만 할 뿐, 고치려 들질 않았다. 이미 고질병이 되었기 때문이다.

술을 좋아하는 장비가 자신의 특기를 살려 장합을 유인하여 무찌른 공도 있었지만, 그보다는 술에 취해 자신을 해치고 군대의 법도를 어긴 일이 더 많았다. 이러한 장비의 술버릇과 실수가 문제가 되지 않았던 이유는 유비의 의형제이기도 하고 장비가 촉나라 건설에 많은 공을 세웠기 때문이다.

장비의 고질병은 관우가 오나라 군사에게 잡혀 죽었다는 소식을 듣고 더욱 심해졌다. 장비의 성격은 불과 같다. 이러한 성격이 분하고 원통한 마음으로 술에 취했으니 더욱 노기가 뻗치고 조금이라도 비위에 거슬리는 자가 있다면 가만두지 않았다. 장비는 관우의 복수가 급하여 전투 준비를 재촉하였다. 부하 장교가 시일이 촉박하니 조금 늦춰달라고 하였다가 피가 나도록 매를 맞고 겨우 죽음을 모면하였다. 장교들은 더 이상 장비의 술버릇을 참을 수 없었다.

"그 사람 성미가 불같이 난폭하니 만약 내일까지 준비해 놓지 못하면 자네와 나는 살아남지 못할 것일세."(범강)
"그렇다면 그가 우리를 죽이기 전에 우리가 먼저 그를 죽이는 것이 낫지 않겠는가."(장달)
"우리 두 사람이 만일 죽을 팔가 아니라면 그는 술에 취해 곤드레만드레가 되어 있을 것이고 우리가 죽을 팔라면 그는 취하지 않았을 것일세."(장달)

장비는 역시 술에 떡이 되어 자고 있었다. 장비의 부하 장교인 범강과 장달은 단도로 장비를 찔러 죽였다. 술취한 장비는 외마디 소리를 지르고 그 자리에서 죽었다. 유비가 그토록 조심하고 고치라고 질책하였던 술병을 고치지 못하여 부하에게 어처구니없는 죽임을 당하고 만 것이다.

우리는 모두 건강과 장수를 염원한다. 건강을 잃으면 세상을 다 가진들 아무런 소용이 없다는 것을 알기 때문이다. 조조가 그러하였다. 조조는 천하를 호령하는 영웅이 되었지만, 언제나 두통을 달고 살았다. 조조는 의심이 많았기에 수술하면 고칠 수 있다는 말도 믿지 않았다. 좋다는 약이나 음식도 효과가 없었다. 천하무적 조조에게도 두통은 크나큰 약점이었다. 그런데 조조는 그 두통을 고치지 못하고 죽었다. 그는 많은 전쟁에서 이겨 천하를 호령하였지만, 두통은 이겨내지 못하였던 것이다.

건강은 건강할 때 지켜야 한다. 모두 아는 말이다. 하지만 이를 지키는 사람은 그다지 많지 않다. 마치 장비가 말로만 술을 끊겠다고 하는 것이나 조조가 두통을 가볍게 여기고 살았던 것처럼 생각한다. 하지만 건강이 걱정될 때는 이미 나의 비전과 목표 달성에도 빨간 불이 들어온 것임을 잊지 말아야 한다. 따라서 건강할 때 규칙적인 운동과 생활을 하며 자신의 건강을 지키는 것이 중요하다.

중년은 제갈량처럼 업무 강도가 높을 시기이다. 일에 대한 욕심보다는 적정한 배분과 통합이 중요하다. 단기간에 많은 것을 이루려는 욕심은 건강을 해치기 쉽다. 건강을 우선시하며 단계별로 나아가려는 장기적인 시각이 필요하다. '건강한 신체에 건강한 정신이 깃든다.'라는 말이 있다. 육체가 건강해야만 정신도 건강하여 보다 창의적이고 발전적인 생각을 할 수 있다는 의미이다. 행복한 삶은 건강한 생활에서 비롯된다는 것을 잊지 말자.

인생의 참맛은
수어지교를 얻는 것이다

"만약 동생 손권이 대임을 맡을 재목이 되지 못하면, 그대가 편의대로 직접 권력을 차지하시오." (손책)

손책은 강동 지역을 차지하면서 많은 인재를 영입하였다. 이때 주유가 손책에게 장소를 초빙할 것을 건의하였다. 손책은 장소를 장사, 무군중랑장으로 삼았다. 손책은 언제나 장소를 스승으로 삼을 만한 벗으로 예우하였다. 그러자 장소도 손책을 잘 보필하였다.

손책이 죽음을 앞두고 장소를 불러 동생 손권을 도와줄 것을 부탁하였다. 만약 동생이 나라를 다스릴 재목이 아니라고 판단되면 직접 권력을 차지하라고 하였다. 유비가 제갈량에게 유언을 남길 때의 말과 다를 바가 없다. 손책은 장소가 손권을 잘 보좌할 것을 알았기 때문이다. 장소는 손책의 죽음 앞에서 손권이 비통해하며 정사를 돌보지 않자 따끔하게 충고하였다.

"무릇 후사가 된 자로서 능히 선현의 앞길을 짚어져야 창성(昌盛)하고 아비의 사업을 이어받아 훈업(勳業)을 이룰 수 있습니다. 지금 바야흐로 천하가 솥에서 끓고 있는 듯하고 뭇 도둑들은 산에 가득한데, 효렴이 어찌 슬픔에만 겨워 필부의 정만을 쏟을 수 있겠습니까?"(장소)

장소는 손권을 부축하여 말에 태우고 병사들을 사열시켰다. 장소가 손권을 보좌하면서 민심이 안정되고 제후와 빈객, 선비들도 저절로 편안하게 되었다. 장소는 손책의 유언을 충실하게 지켰다. 제갈량이 유비의 유언을 받들어 유선을 보필한 것처럼 장소도 죽을 때까지 손권을 잘 보필하였다.

우리는 두 사람이 서로에게 의존하고 신뢰하는 관계를 '수어지교'라고 한다. 이러한 사이는 단순한 친밀감을 넘어 서로의 존재가 없어서는 안 될 정도로 깊은 유대감을 가진 관계를 뜻한다. 이러한 관계는 인생에서 개인적인 성장과 성공뿐 아니라 지속적인 번영과 안정으로 이어지는 데 필수적이다.

유비와 제갈량은 수어지교의 대표적인 사례이다. 유비가 제갈량을 삼고초려하여 자신의 책사로 삼자 제갈량은 유비의 최측근 참모가 되어 촉을 건국하는 데 지대한 공헌을 하였다. 두 사람은 주군과 참모의 관계를 넘어 서로가 의지하고 힘이 되는 존재로서 중요한 역할을 하였다. 이는 깊은 신뢰와 상호 의존을 기반으로 하는 동반자 관계에서만 볼 수 있는 것이다.

손책과 장소의 관계도 마찬가지이다. 장소는 강동 지역을 대표하는 호족이자 명사였다. 이에 손책이 장소를 초빙하여 자신을 도와달라고 요청하자 장소는 그를 도와 강동을 안정시켰다. 두 사람의 관계는 상호 이해와 공감을 통한 정치적 안정이었다. 즉, 손책이 오나라의 강역을 확장하자 장소가 국가 경영에 필요한 중요한 결정과 업무 처리를 적극적으로 도왔다. 이들 또한 절대적인 신뢰와 상호 의존을 기반으로 동반자 관계를 구축하였던 것이다.

　유비와 손책의 수어지교인 제갈량과 장소는 각각 나라의 뒷일을 잘 보좌해달라는 유언을 받았다. 한 마디로 '고명대신(顧命大臣)'이었다. 유언을 받은 두 사람은 자신들의 사욕을 버리고 충심으로 유선과 손권을 보필하였다. 목숨이 다하는 날까지 국가 경영에 필요한 자신들의 임무를 성실하게 수행하였다. 유비와 손책에 의해 절대적인 믿음과 존경으로 맺어진 '수어지교'의 관계가 후대까지도 흔들림 없이 빛을 보았다.

　인생에서 제일 중요한 것은 사람을 잘 사귀는 것이다. 사람을 잘 사귀려면 사람을 잘 판별하는 안목이 있어야 한다. 이러한 능력을 '지인지감(知人之鑑)'이라고 한다. 방통은 사람을 알아보는 능력이 누구보다 뛰어났다. 이 점에 있어서는 제갈량조차도 방통을 당할 수 없었다.

　"세속을 교화시키고 인물들의 우열을 판단하는 것은 내가 당신에게 미치지 못하오. 그러나 제왕의 비책을 생각하고 인간 운명의 요체를 파악하는 것은 내가 하루의 느슨함이

있소."(방통)

삼국 시대에는 인재들을 간명하게 품평하는 것이 인기였다. 허소는 이러한 인물평의 대가로 소문이 자자하였다. 조조도 그에게서 자신의 평을 듣고는 매우 좋아하였다. 이러한 허소가 방통을 만나 자신과 방통의 인물평에 대해 어떤 것이 나은지를 물었다. 그러자 방통은 제왕을 알아보고 그와 함께 천하를 논하는 것이라면 자신이 앞선다고 말하였다. 방통의 사람 보는 눈이 허소보다 컸다는 것을 알 수 있다.

우리는 어렸을 때부터 친구를 사귄다. 초등학교부터 대학교 때까지 더욱 많은 친구와 우정을 나눈다. 사회 생활을 하면서도 동기와 선후배 간의 인간관계는 계속 이어진다. 이처럼 죽마고우에서부터 사회적 인간관계까지 우리는 많은 친구를 가지고 있다.

누구나 인생에서 떼려야 뗄 수 없는 존재를 만나는 것은 커다란 축복이며 이는 개인의 삶을 더욱 풍요롭게 만들어 주는 원동력이 된다. 이처럼 소중한 수어지교 관계를 맺기 위해서는 상대방과의 진심 어린 소통과 신뢰 구축이 우선되어야 한다. 아울러 이를 위한 꾸준한 노력과 인내가 필요하다.

그런데 삼국지의 예에서 살펴보았듯이 수어지교는 친밀한 사귐만으로는 얻을 수 없다. 이는 신뢰와 공감, 배려와 희생, 인내와 노력 등을 통해 차곡차곡 쌓아가는 특별한 관계이다. 이러한 과정에서 맺어진 수어지교는 개인의 정신적 성장과 안정, 인생의 목표를 함께 이루는 과정에서 무엇과도 바꿀 수 없는 큰 역할을 한다. 특히, 위기 상황에서는 더욱 강력한 힘이 되어 준다. 제갈량과 장소가 그랬던 것처럼 죽음도 이를 갈라놓을 수 없다.

인간관계에서 진정한 수어지교는 얼마나 되는가. 중년의 시기임에도 불구하고 수어지교가 없다면 이는 먼저 자신을 반성해야 한다. 스스로 게으름을 채찍질하고 인내와 노력으로 찾아야만 한다. 그리하여 두 명의 수어지교가 있다면 매우 행복한 삶을 살 수 있을 것이다.

> "나이가 많음을 내세우지 않고 귀함을 내세우지 않고 형제를 내세우지 않고 벗하는 것이다. 벗이란 그 덕(德)을 벗하는 것이니 내세움이 있어서는 안 된다."(맹자)

맹자는 벗을 사귐에 있어 나이나 권위 등을 내세워 사귀는 것은 옳지 않다고 하였다. 오직 인품과 덕망을 보는 것이 중요하다고 하였다. 겉으로는 화려하고 달콤한 말로 사람의 환심을 사고 아첨하는 표정을 짓는 사람은 어질지 못하다는 공자의 말과도 같다.

진실로 마음이 통하는 사이라면 나이는 신경 쓰지 않는다. 품성과 언행이 믿을 만하면 직업은 중요하지 않다. 서로의 깊은 신뢰와 공감이 중요하기 때문이다. 중년은 바로 이러한 진실한 벗이 필요한 때이다.

선함과 악함은
사용 여부에 달려 있다

"서주성을 함락하거든 성안의 살아 있는 것들은 모조리 죽여라. 그래야만 아버지 원한이 풀릴 것이다." (조조)

조조는 서주목 도겸의 부하가 부친을 살해한 것에 대한 복수를 한다는 명분으로 서주를 공격하였다. 서주 정벌의 명분을 부친의 사건과 연관시켜 대규모 공격을 감행한 것이다. 조조는 이 과정에서 살아 있는 생물체를 모조리 몰살시켰다. 이는 조조가 자신의 적들에게 보내는 일종의 경고와 공포감을 심어 주는 전략이기도 하였다. 조조의 냉혹함과 악마적 소행의 진면목을 알 수 있는 부분이다.

복수와 전쟁이 어느 정도 정당화될 수 있을지언정 민간인과 병사들을 가리지 않는 대규모 학살은 도덕적으로 문제가 될 수밖에 없다. 조조의 서주 대학살은 군사적으로는 승리했을지라도 정치적으로는 조조에게 큰 타격을 주었다. 즉, 그가 뛰어난 재능을 지닌 군사 전략가인데도 지나치게 감정적이고 무분별한 학살로 인하여 덕을 상실한 잔혹한 군주의 이미지만 남겼다. 이는 결국, 그가 이룩한 정치적·군사적 업적보다 잔인하고 냉혹한 인물로만 각인되는 부정적인 결과를 낳았다.

"너는 전에 원소를 위하는 격문을 지으면서 나의 죄상만 열거하면 되었거늘 왜 나의 부친과 조부까지 욕했느냐?"(조조)

"이미 화살이 시위에 먹여져 있었기에 쏠 수밖에 없었습니다."(진림)

조조는 관도대전에서 승리하고 원담과 원상을 추격하여 원씨 일가를 멸망시켰다. 이 과정에서 진림을 사로잡았다. 진림은 원소의 부하로 관도대전이 있기 전에 조조 집안을 헐뜯는 격문을 써서 조조의 두통까지 멈추게 만든 인물이다. 조조의 부하들은 모두 진림을 죽이라고 하였다. 하지만 조조는 진림을 죽이지 않았다. 그의 재주를 아깝게 여겨 죄를 용서해 주고 종사(從事)로 삼았다.

조조는 냉혹하고 잔인한 행동으로 유명하지만 뛰어난 정치가와 군사 전략가로서도 많은 업적을 남겼다. 그는 혼란한 시대에서 탁월한 통치력과 개혁을 통해 위나라를 세우는 기초를 마련하였다. 그의 이러한 업적은 당시 사회와 후대에 커다란 영향을 미쳤다. 조조의 가장 큰 특징은 인재를 중시하고 적재적소에 배치하는 용인술이다. 이를 통해 조조는 자신의 목표를 달성할 수 있었다.

조조의 인재 영입과 등용의 특징은 일반적인 관념과 잣대로 인물을 평가하지 않고 현실에 맞게 평가하고 과감하게 배치한 점이다. 이는 난세의 천하 질서를 바로잡기 위해서는 품행에 있어 사소한 잘못이나 인격적인 결함이 있더라도 재능이 있다면 누구든지 등용하겠다는 조조만의 인재 영입 전략이다. 조조가 진림을 용서하고 자신의 부하로 등용한 것도 바로 이러한 맥락에 따른 것이었다.

　진림은 문장력이 뛰어난 관계로 군사와 국가에 관한 문서와 격문을 작성하는 일을 하였다. 어느 날, 그가 여러 편지와 격문을 지은 초고를 조조에게 바쳤다. 조조는 그날도 두통으로 괴로워하고 있었다. 진림이 지은 글들을 누워서 읽어 보던 조조는 흡족한 표정으로 일어나 "이것이 내 병을 낫게 하였다."라고 말하며 진림에게 후한 상을 내렸다. 조조의 인재 등용법이 멋지게 성공한 것이다.

　'양날의 검'이라는 말이 있다. 검(劍)은 양쪽에 날이 있다. 그래서 잘 다루면 강력한 무기가 될 수 있지만, 잘못 다루면 자신에게 해를 끼칠 수 있는 위험한 도구이다. 따라서 이 말은 흔히 이중적인 결과를 초래할 수 있는 상황이나 도구를 말할 때 비유적으로 사용한다.

　물은 젖소가 먹으면 우유가 되지만 뱀이 먹으면 독이 된다. 칼도 마찬가지이다. 의사가 사용하면 사람을 살리는 기구가 되고 강도가 사용하면 사람을 해치는 무기가 된다. 물과

칼은 본래 선한 것도 악한 것도 아니다. 단지 그것을 어떤 가치로 사용할 것인지에 따라 선악의 결과가 나타나는 것이다.

'양날의 검'은 우리의 생활 속에도 항상 존재한다. 인간관계에 있어서 솔직함은 신뢰를 쌓는 데 매우 중요한 덕목이다. 그런데 지나친 솔직함은 때로 상대방의 감정을 상하게 하여 관계를 유지하는 데 장애가 될 수 있다. 솔직함의 표현을 언제, 어떻게 할 것인지에 관한 판단이 필요한 것이다. 이를 위해서는 균형과 신중함이 요구된다. 즉, 긍정적인 측면을 극대화하면서도 부정적인 결과를 최소화하기 위한 전략적 접근이 필요한 것이다.

중년의 시기에는 그것이 크든, 작든 스스로 결정해야 할 때가 많다. 이때는 감정이나 순간적인 충동에 따라 결정하지 말고 장기적이고 긍정적인 효과를 고려하여 판단하는 것이 중요하다. 지금 자신에게 좋은 조건의 제안이 왔다고 해서 무조건 따를 것이 아니라 제안을 수락하고 나서 진행되는 여러 사항에 대해서도 양날의 검은 없는지 판단하는 것이 필요한 것이다.

우리의 삶은 선택의 연속이다. 그중에는 긍정적인 면과 부정적인 면이 동시에 존재할 수 있다. 따라서 균형적인 판단과 장기적인 안목을 가지고 대처하는 것이 필수이다. 이것이 부정적인 결과를 최소화하고 더 나은 삶의 방향을 추구할 수 있는 나침반이 되는 것이다.

 자신이 한 말이 양날의 검이 되었던 적이 있는지 생각해 보고 이를 최소화하는 법을 생각해 보세요.

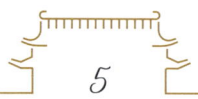

흥망의 갈림은 만족함의 차이다

"지금 조조와 대치하고 있지만 아직 승패가 결정나지 않았고 주공께서도 지금 합비를 공격하고 계시지만 함락하지 못하고 계십니다. 만일 우리끼리 서로 차지하려고 싸우다가 혹시 조조의 군사가 그 틈을 이용해 쳐들어오기라도 한다면 사태가 위태로워질 것입니다. 더욱이 유비는 전에 조조와 친했으니 만약 다급하게 몰리면 조조에게 성을 바치고 함께 우리를 칠지도 모르는데 그렇게 되면 어떻게 하시겠습니까?"(노숙)

손권은 노숙의 건의로 유비와 연합하여 적벽에서 조조를 무찔렀다. 주유가 조인을 무찌르고 남군을 차지하려던 때 유비가 그 틈새를 비집고 먼저 차지하였다. 주유는 이제까지 병사와 군량을 써가며 고생한 것이 모두 헛수고가 되자 화가 치밀어 도저히 참을 수 없었다. 이에 유비를 치려고 하자 노숙이 말리고 나섰다.

노숙은 손권이 조조에 대항하기 위해서는 반드시 유비와의 연합이 필요하다고 생각하였다. 그래서 유비가 익주를 차지할 때까지 형주 지역을 빌리자고 요청하였을 때도 손권을 설득하여 동의를 얻었다. 손권은 주유를 절대적으로 신임하였다. 주유는 적벽대전의 승세를 몰아 조조를 공격하여 형주를 온전하게 차지하기를 원하였다. 그런데 손권은 노숙의 제안을 따랐다.

손권이 노숙의 의견을 따른 것은 선대의 유업인 수성을 잊지 않았기 때문이다. 손권과 노숙은 일찍이 첫만남부터 천하통일의 방략에 의기투합하였다. 이런 그들이 조조가 패하여 도망갔을 때 더욱 강하게 몰아붙여 더 큰 승리를 얻을 수도 있었다.

그런데 적벽대전에서 막대한 군사와 군량을 쓰고도 유비에게 형주를 빌려 준 것은 손권이 탄탄한 수성을 발판으로 점진적인 통일을 이룩한다는 장기적인 전략이 있었기 때문이다. 즉, 적벽대전에서의 승리감에 취하여 자만하지 않고 다음 단계로 나아가기 위한 만족함으로 여겼던 것이다. 이처럼 손권의 신중한 행동은 오나라를 장기적으로 안정시키는 한편, 지속적인 번영을 이룰 수 있었다.

"우리 군주가 본래 성의껏 그대들에게 토지를 빌려 준 것은 그대들이 전쟁에서 패하여 멀리서 왔고 의지할 곳이 없었기 때문이오. 오늘날, 벌써 익주를 얻었으면서 형주를 봉환하려는 뜻도 없소. 우리들은 단지 그대들이 세 군만 반환해 주라고 요청하는데도 이를 따르지 않고 있소."(노숙)

유비는 익주를 차지하였는데도 형주를 돌려주지 않았다. 형주와 익주의 차지는 제갈량이 유비에게 말한 바 있는 천하통일을 위한 최적의 디딤돌이었기 때문이다. 따라서 유비는 돌려줄 마음이 없었다. 이러한 유비의 신의를 저버리는 행동은 아무리 인내심이 강한 손권이라도 당하고만 있을 수는 없는 일이다.

　손권은 노숙이 죽자 곧바로 여몽을 후임으로 삼았다. 여몽은 이제까지 노숙이 추진해 온 전략을 바꿔 적극적으로 형주를 회복하고자 하였다. 손권은 여몽의 전략을 적극 지원하였다. 결국, 관우를 죽이고 형주를 차지하였다. 지난날 노숙이 관우를 만나 형주 반환 문제를 놓고 이야기할 때 유비가 사사로운 마음으로 오나라가 베푼 은혜와 의리에 등을 돌렸다면서 "지금 이미 익주를 기댈 곳으로 삼았는 데도 형주의 땅까지 차지하려 하다니 이는 평범한 사내라 하더라도 참을 수 없는 행위로, 어찌 군주란 자가 할 바이겠소!"라고 질타하였다. 유비의 도의에 어긋나는 욕심과 질주가 의형제는 물론 자신의 목숨마저 잃게 하는 허망함으로 끝나고 만 것이다.

　'원씨(袁氏)의 성은 본래 진(陳)에서 나왔는데, 진은 순(舜) 임금의 후손이며 토(土)가 화(火)를 이으니 운행의 차례에 순응함을 얻게 되었다. 또 참문(讖文)에 이르길 "한(漢)을 대신할 자는 응당 도고(塗高)이다."라고 하였는데, 나의 이름자가 이에 해당한다. 이에 제호(帝號)를 세우고 순

임금 다음으로 제위에 올랐으니 중씨(仲氏)라고 칭하였다.'(원술)

원술은 초기에 막강한 군사력과 자원을 가지고 천하를 차지하려는 야망을 품었다. 특히 옥새를 손에 넣게 되자 자신의 배경과 힘만을 믿고 스스로 황제의 자리에 올랐다. 이는 당시의 정세를 읽지 못한 지나치게 과도한 행동이었다. 이같은 원술의 자만에 빠진 황제 참칭은 다른 군웅들에게 공격의 빌미만 주는 꼴이 되었고 명분이 부족한 상태에서 그의 몰락을 더욱 부채질하였다.

"갈증을 풀게 꿀물이나 가져와라."(원술)
"있는 것은 핏물뿐인데, 웬 꿀물이란 말입니까?"(원술의 주방장)

원술은 자신의 힘을 자만하여 더 큰 권력을 탐내다가 천하의 공적이 되었다. 그는 만족함을 모른 채 과도한 야망을 추구한 결과, 다른 세력들의 협공에 휘말리며 굶주림 속에서 비참하게 생을 마감하였다.

무엇이든 지나치면 모자람만 못하다. 원술의 지나친 욕심과 행동이 오히려 그의 죽음을 앞당겼으니 어떤 일이든 지나치거나 부족하지 않고 적절하게 이루는 것이 중요하다. 이는 우리가 목표를 향해 나아가는 과정에서 균형과 절제를 유지해야 한다는 말이기도 하다. 아무리 좋은 일이나 행동이라도 지나치면 오히려 역효과를 초래할 수 있기 때문이다.

사람들은 오직 성공을 위해 최선을 다하고 목표를 달성하기 위해 온 힘을 기울인다. 그런데 이 과정에서 지나친 욕심이나 열정이 자신의 의도와는 다르게 실수를 낳을 수 있다. 또한 자신이 많은 일을 동시에 하다 보면 집중력이 분산되어 결국에는 아무 일도 제대로 해낼 수 없다. 균형과 절제의 미덕이 필요한 것이다.

만족함을 알면 흥하고 지나치면 망한다. 인생에서의 행복은 균형과 절제를 통하여 적절한 시점에서 스스로 만족할 줄 아는 것이다. 이에 지나쳐 더욱 욕심을 부리면 오히려 이제까지 쌓아 놓은 모든 것을 잃고 실패할 수 있다. 사람의 욕망은 끝이 없어 언제나 더 가지려고 한다. 하지만 일정한 수준에 이르러 만족함을 알면 평온한 마음으로 삶의 균형을 유지할 수 있다. 행복은 이러한 바탕에서 더욱 커지는 것이다.

너무 많이 가지거나 넘쳐나면 주위가 시기하고 스스로 자만에 빠져 불행해진다. 그러므로 약간은 비워 두는 것이 좋은 것이다. 이에 만족하고 성실하게 생활하면 어느덧 다시 채워져 있기 때문이다.

행복의 조건을 세 가지 들고 그 기준점을 몇 퍼센트의 분량으로 할 것인지 생각해 보세요.

빛나되 드러내지 말라

"폐하, 제가 붓으로 두 글자를 더하도록 허락해 주십시오."(제갈각)
"제갈자유지려(諸葛子瑜之驢)라. '제갈근의 나귀'라는 뜻이로구나! 하하하. 당신의 아들 제갈각의 재주가 대단하구려. 아들의 말대로 당나귀를 선물로 주겠소."(손권)

제갈근의 아들 제갈각은 어려서부터 천재적인 재능을 보였다. 그의 영민함과 임기응변은 대적할 사람이 없을 정도였다. 손권은 이를 기특하게 여겨 태자와 함께 공부하게 하였다. 제갈각의 천재적인 응기응변은 자라면서 '자신이 최고'라는 오만으로 발전하였다. 여러 대신이 선의로 충고하여도 제갈각은 거꾸로 받아치며 새겨듣지 않았다.

손권의 신임이 두터워지자 제갈각의 오만은 하늘을 찔렀다. 오나라 최고의 신하인 장소를 조롱하고 대사마 여대의 충고를 무시하였다. 자신이 주장한 것은 반드시 실행에 옮겨야만 직성이 풀렸고 이를 반박하는 자는 목숨이 위태로웠다. 제갈각의 재능과 민첩한 사고는 신중한 전략에서 나오는 것이 아니라 순간적으로 번뜩이는 재치에 불과한 것이었다. 그저 한바탕 웃고 넘기는 놀이 수준과도 같았다.

"제갈각은 말타기를 매우 좋아한다. 돌아가서 승상에게 말하여 좋은 말을 보내도록 하라."(손권)
"폐하, 진심으로 감사하옵니다."(제갈각)
"말은 아직 도착하지 않았는데, 무엇을 감사해하시오?"(손권)
"촉나라는 폐하의 외부에 있는 마구간인데, 오늘 은혜로운 조서를 내렸으므로 말은 반드시 올 것입니다. 어찌 감히 감사해하지 않겠습니까?"(제갈각)

손권은 죽으면서 태자 손량의 보좌를 제갈각에게 맡겼다.

손권도 제갈각이 총명하기만 할 뿐, 덕이 없음을 알았다. 하지만 당시 제갈각을 능가할 인재가 없었기에 어쩔 수 없었다. 전권을 잡은 제갈각은 더욱 기고만장하였다. 그는 번뜩이는 촌철살인으로 대신들의 입을 막았다. 어릴 적부터 다져진 치기 어린 행동이 왕을 보필하는 '고명대신'이라는 날개를 달고 더욱 교만하고 방자해진 것이다. 제갈근은 자식이 총명하기만 하고 감정을 그대로 표출하는 모습을 보고는 한숨을 지으며 말하였다.

"저 녀석은 우리 집안을 크게 일으키지 못하고 장차 우리 종족을 멸하게 할 것이다."(제갈근)

제갈각은 자신의 계책이 실패하여 전투에서 패하자 이를 부하 장수의 탓으로 돌렸다. 자신의 거짓이 드러날 것을 염려하여 지휘권을 박탈하고 없는 죄를 만들어 죽였다. 자신만이 최고라는 그의 아집에 모든 사람이 멀어졌다. 그의 안하무인격 행동은 모든 왕족과 대신이 참여한 연회에서 막을 내렸다. 손량의 지휘 아래 모두 나서서 제갈각을 처단한 것이다. 이어 손량은 제갈각의 전 가족을 몰살시켰다. 그는 재주만 믿고 설치다가 화를 입었으니 부친인 제갈근이 걱정하며 예언했던 말이 사실이 되고 말았다.

"늙고 병들어 죽을 날이 코앞에 닥쳤소. 그대가 병주에 가게 되었구려. 병주는 흉노와 가까우니 잘 방비하도록 하시오. 그대를 다시 보지 못할 것 같으니 아들 사마사, 사마소 형제를 부탁하오."(사마의)
"사마공은 시체와 다름없어 기운만 겨우 남아 있고 육체와 정신이 이미 분리되었으니 족히 걱정할 필요가 없습니다."(조상의 부하 이승)

명제 조예가 죽음을 앞두고 사마의와 조상에게 태자 조방을 부탁하였다. 사마의는 조상과 함께 정사를 도왔다. 이후 조상은 자신의 무리를 요직에 배치하여 황제에 버금가는 권력을 휘둘렀다. 그러자 사마의는 병을 핑계로 칩거하며 자신의 재주를 드러내지 않았다.

사마의는 조조가 한중을 차지할 때부터 두각을 나타냈다. 조조는 한중을 차지한 후에 곧바로 철군하려고 하였다. 그러자 사마의는 유비가 익주를 차지한 지 얼마 되지 않아 아직 민심이 안정되지 않은 것을 간파하고 이 기회를 놓치지 말고 성도까지 진군한다면 쉽게 천하를 차지할 수 있다고 건의하였다. 조조는 후에 사마의의 말을 듣지 않은 것을 후회하였다. 사마의가 매우 뛰어난 전략가라는 것을 알 수 있다. 이러한 사마의 뛰어난 지략은 제갈량과의 대결에서도 잘 드러난다.

> "제갈량은 뜻이 크나 기회를 살피지 못하고 꾀가 많으나 결단력이 부족하며 용병을 좋아하나 임기응변이 없으니 비록 10만 명의 군사를 이끈다 한들 내 계획 속으로 빠져들 뿐이라 반드시 격파할 수 있다."(사마의)

사마의는 제갈량의 일거수일투족을 파악하고 그와 싸우지 않고도 이길 수 있다는 것을 알았다. 오장원에서 대치한 지 100여 일만에 제갈량이 병사한 것이다. 사마의는 제갈량이 싸우려고 하여도 대응하지 않았다. 스스로 무능한 척 수비에만 치중하여 제갈량의 힘을 빼고 초조하게 만들었다.

사마의는 속임수와 기만술이 뛰어났다. 사마의는 바로 이러한 자신의 장점을 살려 제갈량과의 전투뿐 아니라 조상과의 권력 다툼에서도 승리할 수 있었다. 스스로 재주를 숨기고 시세에 따라 나아가고 물러남을 조절하였기에 최후의 승자가 될 수 있었다.

  우리 속담에 '모난 돌이 정 맞는다.', '곧은 나무가 먼저 베인다.'라는 말이 있다. 재능이 뛰어난 사람은 남에게 미움을 받기 쉽다는 뜻이다. 하지만 이 말의 진정한 의미는 남보다 능력이 뛰어나 두각을 나타낼수록 겸손하게 행동하라는 것이다. 세상에 혼자 이루어지는 것은 아무것도 없다. 따라서 일마다 자신의 공이 크다고 주장하는 것은 주변 동료들에게 시기를 받아 끝내 자신의 자리마저 내놓게 되는 것이다.

  중년의 삶은 치열한 경쟁의 연속이다. 서로 자신의 분야에서 선두가 되려고 수단과 방법을 가리지 않는다. 하지만 이는 좋은 전략이 아니다. 선두는 언제나 견제 세력의 시기를 받기 때문이다. 우리는 실수와 실패를 용납하지 않으려고 한다. 능력이 뛰어날수록 더욱 그렇다. 그들은 한 번의 패배나 실패도 겪지 않았기 때문이다. 하지만 인생은 길고 그만큼 실패할 확률도 높다.

'실패는 성공의 어머니'라고 하였다. 실패를 겪은 자만이 그것을 자양분으로 삼아 더 큰 성공을 할 수 있다. 따라서 실패하고 패배했다고 기죽거나 포기할 필요가 없다. 자신이 가지고 있는 재능을 겸손하게 발휘하고 유지하면 늦은 만큼 성공을 차지할 수 있는 것이다.

 삶은 나아감과 물러남의 연속인데, 현재 자신이 처한 삶은 어느 때인지를 생각해 보세요.

7

명예와 이익의 가치를 생각하라

"사람들의 의견을 자세히 살펴보니 전적으로 장군을 잘못되게 하고 있습니다. 그들과는 대사를 도모할 가치가 없습니다. 지금 제가 조조를 맞이한다면 저는 고향으로 돌아가 하급 관리를 할 것이며 소가 끄는 수레를 타고 관리나 병사를 따르게 하여 관직이 올라감에 주나 군을 잃지는 않을 것입니다. 그런데 장군께서 조조를 맞이한다면 어찌 돌아갈 곳이 있겠습니까? 바라건대 큰 계획을 일찍이 정하여 사람들의 의견을 쓰지 마십시오."(노숙)

손권은 조조와의 적벽대전을 앞두고 신하들에게 의견을 물었다. 장소를 비롯한 대부분의 호족은 조조에게 항복하여 강동을 지키자고 하였다. 그들은 조조의 대군과 싸우면 승산이 없다고 판단하였기 때문이다. 손권은 답답하였다. 부친과 형이 피땀으로 창업하여 물려 준 나라를 몽땅 조조에게 바칠 생각을 하니 억장이 무너지는 듯하였다.

신하들이 조조에게 항복하여 강동을 지키자는 것은 자신들의 이익을 챙긴 것이다. 전쟁이 벌어지면 피해가 크기 마련이다. 더욱이 패한다면 항복하여 목숨을 건진 것만 못하다. 그들은 대대로 살아온 터전의 보전이 중요한 것일 뿐, 주군이 바뀌는 것은 중요한 것이 아니다. 따라서 주군을 지키는 데 목숨을 걸 필요는 없었다.

하지만 노수의 생각은 달랐다 강동 지역은 장강이 천혜의 방벽을 이루고 있어서 요충지를 지키고만 있으면 쉽게 공략할 수 없는 곳이다. 더욱이 손권은 천하를 통일할 만한 영웅이다. 이러한 인물을 주군으로 모시고 힘을 합쳐 싸우면 아무리 강대한 조조라 하더라도 무서울 게 없다. 이처럼 모든 것이 손권에게 유리한 상황에서 항복은 있을 수 없는 일이다. 이는 천하통일의 야망을 품은 손권의 명예에도 치명타를 입히는 것이다.

노숙은 손권에게 자신의 명예를 지키는 것이 곧 오나라를 지키는 것임을 주장하였다. 신하인 호족들이 자신들의 이익만을 생각하지만 노숙은 천하의 형세를 읽고 국가가 나아가야 할 방향을 살펴 의견을 밝힌 것이다. 통치자와 신하의 생각은 다르다. 그런데 총명한 통치자는 신하들의 올바른 의견은 언제나 반영한다. 명예와 이익의 가치를 판단하는 것은 여러 의견을 경청하는 과정에서 더욱 명확하게 알 수 있기 때문이다.

"그것은 안 될 일입니다. 장군은 세상에 뛰어난 무예와 용맹을 받은 분이시라고는 하지만 조공의 위력은 실로 대단한 경지이며 우리 군사가 형주에 주둔한 직후인지라 백성들에게 은총과 신의는 아직 널리 퍼져 있지 않습니다. 유비에게 이를 빌려 주어 위무토록 하는 것이 좋을 것입니다. 이렇게 조조의 적을 늘리는 한편, 우리 측의 친구를 만드는 것이 상책인 것입니다."(노숙)

손권과 유비 연합군은 적벽에서 조조를 무찌르고 형주를 차지하였다. 유비는 이를 기회로 자신의 터전을 마련할 요량으로 손권에게 형주를 빌려 줄 것을 요청하였다. 손권의 모든 신하가 반대하였지만 노숙만은 찬성하였다. 노숙은 왜 아까운 땅을 유비에게 주도록 한 것일까.

노숙은 천하의 흐름과 형세를 읽고 이에 맞춰 전략을 펼치는 책사이다. 조조가 적벽에서 패하기는 했지만, 아직도 제일 강력한 세력이다. 따라서 조조에게 대항하기 위해서는 유비의 힘이 필요하였다. 이런 까닭으로 노숙은 유비에게 땅을 빌려 주어 함께 조조에게 대항하도록 한 것이다.

노숙의 이러한 생각은 이익을 극대화하는 전략이다. 우리는 작은 것을 탐내다가 오히려 큰 것을 잃는 경우를 보곤 한다. 형주를 유비에게 빌려 주는 것은 이익을 나누는 것과 같아 단기적으로는 손해가 될 수 있다. 하지만 조조라는 거대 세력에 대항하는 면에서는 장기적으로 많은 이익이 있다. 즉, 형주의 조그만 땅을 탐내서 유비와의 연합이 깨진다면 그것은 곧 손권의 강동 지역마저 잃게 될 수 있는 것이다.

따라서 총명한 손권이 노숙의 의견을 받아들인 것은 당연하다. 손권이 유비에게 형주를 빌려 주어 이용토록 했다는 말은 바람처럼 허도로 전해졌다. 마침, 편지를 쓰고 있던 조조는 이 말을 듣고는 붓을 땅에 떨어뜨렸다. 손권이 천혜의 장벽 앞에 또다시 성가신 유비로 방벽을 세워 오나라 공략을 더욱 어렵게 만들었기 때문이다. 노숙의 전략이 조조의 천하 통일 야망을 힘들게 만들었으니 유비에게 형주를 빌려 준 것은 손권에게 있어 매우 큰 이익이었던 것이다.

"한무제가 집을 하사하자 곽거병은 흉노를 아직 멸하지 못했으니 집이 쓸모없다고 하였는데 또한 나라의 적이 비단 흉노만이 아니니 아직 안락을 구해서는 안 됩니다. 천하가 모두 평정될 때를 기다려 각자 고향으로 되돌아가 본래 땅에서 농사짓는 것이 마땅합니다. 익주의 백성들은 처음 전란을 겪었으니 논밭과 집들을 모두 돌려주고 이제 편안하게 생업에 복귀하게 한 뒤에 부역하게 하고 조세를 거둔다면 그들의 환심을 얻을 것입니다."(조운)

유비는 익주를 평정한 후 성도의 땅을 고생한 장수들에게 보상으로 나누어 주려고 하였다. 그러자 조운이 반대하였다. 익주의 백성을 안정시켜 유비의 입지를 단단하게 해야 할 시점에서 그들의 터전을 빼앗는 것은 전혀 도움이 되지 않는 것이기 때문이다. 조운은 군사들의 작은 이익보다 익주 백성들이 감사하게 하여 명예를 얻게 하였고 아울러 백성들이 유비를 추앙하게 하여 장기적으로 더 큰 이익을 얻게 하였다.

조운은 자신의 업적이나 성과를 드러내기보다 항상 다른 이들을 먼저 생각하는 겸손함을 유지하였다. 조운은 언제나 자신의 본분을 벗어나지 않는 선에서 충성을 다하였다. 또한 자신의 영웅적인 행동을 과시하지 않았고 언제나 사심 없는 마음으로 말하였다. 조운의 행동에서 개인적인 명성과 공적인 역할의 조화를 잘 살필 수 있다. 조운과 같은 겸손함을 통해 명예를 지키면서도 실질적인 이익을 추구하는 것이 중요하다고 할 수 있다.

우리는 명예도 중요하지만 이익을 더 우선시한다. 하지만 이익을 추구할 때도 도덕성을 잃지 말아야 한다. 도리에 어긋나는 이익은 비난의 대상이 되기 때문이다. 이익에는 책임이 따르고 책임에는 명예가 따른다. 명예는 쉽게 얻을 수 없다. 돈보다 더 오래 남기 때문이다. 따라서 명예를 잃는 것은 이익뿐 아니라 더 큰 것을 잃는 것이 되는 것이다.

나의 삶에서 명예가 더 큰 이익이 되는 경우를 생각해 보세요.

미래는 오늘의 나에게 달려 있다

"내가 천하의 명사(名士)들을 많이 보았지만 그대와 같은 사람은 본 적이 없소! 천하가 어지러워졌을 때 일세의 재주가 아니면 이를 구제할 수 없을 것이니 능히 천하를 평안케 할 사람은 그대뿐이오. 스스로를 잘 보중하시오. 나는 늙었으니 내 처자를 부탁하오."(교현)

조조는 어려서부터 영민하고 임기응변의 재주가 뛰어났다. 당시 교현은 소문난 학식과 덕망으로 삼공의 벼슬까지 올랐다. 그는 인물평에 뛰어났는데 청년 조조를 유심히 지켜보고 이렇게 말하였다. 그러자 그때까지 조조를 미덥지 않게 여겼던 사람들이 조조를 다시 보게 되었다. 조조의 명성이 교현의 인물평으로 말미암아 더욱 높아진 것이다. 조조는 교현의 말에 감격하였다.

조조는 이때부터 난세를 평정하고 새로운 시대를 만들겠다는 자신의 목표를 확고히 하였다. 그리고 이를 이루기 위해 평생을 힘썼다. 또한 자신을 인정해 준 교현을 언제나 기억하였다. 그는 많은 전투를 치렀다. 하지만 매번 승리한 것은 아니다. 조조는 전투에서 패하여 곤경에 빠질 때면 언제나 교현의 말을 떠올리며 자신을 스스로 채찍질하였다.

우리는 저마다 인생의 꿈과 목표가 있다. 우리의 삶은 이러한 꿈과 목표를 이루기 위한 활동이다. 꿈과 목표는 자신의 인생에 방향을 세우고 이를 알려 주는 나침반과 같다. 목표 없는 인생은 삶의 의욕도 없게 만든다. 인생의 목표를 세우지 않으면 어디로 가야 할지 알 수 없다. 따라서 자신의 꿈과 목표는 빨리 정할수록 좋은 것이다. 그만큼 성공으로 나아가는 출발을 먼저 할 수 있는 것이다.

조조는 청년 시절에 천하통일이라는 큰 목표를 세웠다. 오직 이 목표를 달성하기 위하여 끊임없이 노력하였다. 전투에서 승리할 때면 부하들에게 공을 돌렸고 패배할 때면 스스로 성찰하고 밤새워 학습하였다. 조조도 많이 실패하였다. 하지만 울지 않았다. 반대로 웃었다. 실패를 거울삼아 마침내 새로운 역사를 썼다. 조조에게 실패의 DNA가 없었다면 정상에 오르지 못하였을 것이다.

"실패의 DNA를 가진 자만이 정상에서 웃는다."

조조가 교현의 말을 평생 잊지 않고 되새겼던 것처럼 우리는 이 말을 반드시 기억해야 한다.

'학문에서는 마음이 편안해야 하고 배우지 않고서는 많은 재능을 가질 수 없으며 포부가 없이는 학문을 이룰 수 없다. 방종하면 정신을 분발시킬 수 없고 조급하면 심성을 수양할 수 없다. 세월을 따라 나이를 먹게 되고 의지는 세월과 더불어 사라져 마침내 정력이 쇠하고 학문도 이루지 못하게 된다. 그러면 세상에 용납되지 못하고 슬픔 속에서 빈궁한 가문이나 지켜야 할 것이니 그때 후회한들 어이할 것이냐!'(제갈량의 『계자서』)

제갈량은 어린 시절부터 스스로 학문에 정진하며 능력을 키웠다. 책의 글귀만 외우지 않고 큰 뜻을 이해하고 실제적인 응용을 중시하였다. 제갈량의 공부는 자기 수양과 개발을 겸한 것이었다. 이를 통해 자신에게는 엄격하고 남에게는 관대한 리더십을 발휘하였다. 그의 공부법은 자식에게도 전해졌다. 우리는 이를 통해 제갈량의 공부법을 엿볼 수 있다.

제갈량은 "학문이란 단지 한 번 배우고 끝나는 것이 아니라 지속적으로 배우고 발전해야 한다."라고 강조하였다. 그의 공부법은 평생학습의 중요성을 말하는 것으로, 오늘날에도 여전히 통하는 것이다. 제갈량은 이처럼 쉼 없는 자기계발을 통하여 더 나은 지도자가 되기 위해 노력하였던 것이다.

학습은 새로운 지식의 습득을 통해 지혜와 통찰력을 키워준다. 이는 개인의 발전과 성공에 이바지한다. 아울러 인생의 꿈과 목표 달성을 앞당길 수 있도록 해 준다. 우리가 평생을 배워야 하는 이유도 바로 여기에 있는 것이다.

위대한 인물들은 잠시도 손에서 책을 놓지 않았다. 조조가 그랬고 제갈량이 그랬다. 관우 또한 「춘추」를 놓지 않았다.

학습은 생각하는 힘을 기르고 이것을 반복하면 통찰력이 생긴다. 통찰력은 미래를 꿰뚫어 보는 안목을 키워 준다. 이것이 우리 인생의 꿈과 목표 달성에 직결되는 것이다.

> '유비는 험난한 상황에 부닥쳐도 더욱 신의를 지켰고 형세가 궁핍하여 사정이 위급하더라도 그 말이 이치를 벗어나지 않았다. 유표의 부탁을 따르니 삼군(三軍)이 진정으로 감복하고 대의를 쫓는 선비를 흠모하니 패배할지라도 기꺼이 함께하였다. 그가 뭇사람들의 마음을 얻은 것이 어찌 백성들을 어루만지고 병사들을 보살피는 데 그쳤겠는가! 그가 끝내 대업을 이루었으니 이 또한 당연하지 않은가!'(모종강)

유비는 사람의 마음을 얻고 이를 잃지 않는 데 뛰어났다. 그는 언제나 말수가 적고 겸손하였으며 신의를 중요한 덕목으로 여겼다. 유비는 이를 통해 사람들과 깊은 신뢰를 쌓았다. 그가 관우, 장비와 의형제를 맺은 것도 신의를 바탕으로 한 것이며 제갈량과 조운 등 참모들이 충성을 맹세한 것도 바로 이것이었다.

유비의 신의는 전략적인 이익을 위한 것이 아니라 진정성을 바탕으로 한 것이다. 이처럼 가식이 아닌 진정성이 있었기에 사람들로부터 지속적인 신뢰를 얻을 수 있었다. 성공적인 삶의 첫 번째 요소는 '신뢰'와 '협력'이다. 이를 바탕으로 한 인간관계는 천하도 얻을 수 있다. 그렇다면 이러한 신뢰는 어떻게 만들 수 있을까.

공자는 '세 사람이 길을 가면 반드시 내 스승이 있다.'라고 하였다. 이 말은 배우려고 마음만 먹으면 누구에게서도 배울 수 있다는 뜻이다. 할아버지도 손주에게 배울 것이 있다고 하지 않던가. 문제는 그렇게 하려는 겸손한 마음가짐 여부가 중요한 것이다. 우리는 책에서 배우는 것보다 인간관계 속에서 배우고 익히는 것이 더 많다. 따라서 언제 어디에서든 배우려는 자세가 되어 있으면 인생은 성공할 수밖에 없는 것이다.

자신의 미래는 자신이 만들어 나가는 것이다. 감나무 밑에서 감이 떨어지기를 기다려서는 감을 얻을 수 없듯이 스스로 노력하지 않으면 원하는 미래는 오지 않는다. 인생의 꿈과 목표를 세우고 이를 성취하기 위하여 한 단계씩 올라가야만 꿈과 목표를 달성할 수 있는 것이다.

    베토벤은 자신의 마지막 악보에 '꼭 그래야만 하는가. 그래야만 한다!'라는 문구를 넣었다. 중년의 시기는 열정으로 빛나야 할 시기이다. 희망으로 가득 넘쳐야 할 때이다. 때때로 그렇지 않을 때가 오면, 어렵고 힘들 때가 오면, 베토벤의 글귀를 되새기고 열정과 희망을 충전하자. 그리고 목표를 향해 나아가자.

    '꼭 그래야만 하는가. 그래야만 한다!'

 인생의 꿈과 목표를 이루기 위해 꼭 필요한 세 가지를 정하고 이를 달성하기 위한 단계별 계획을 세워 보세요.

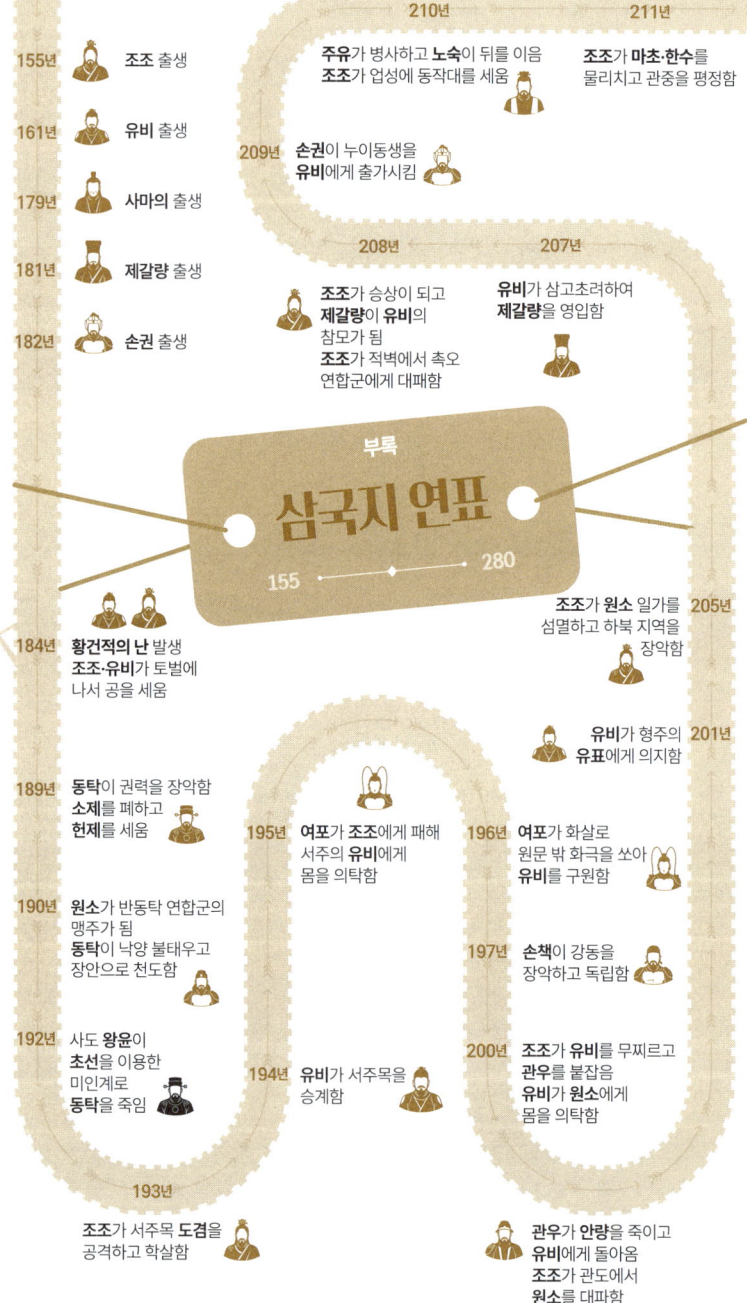

부록
삼국지 연표
155 — 280

- 155년 조조 출생
- 161년 유비 출생
- 179년 사마의 출생
- 181년 제갈량 출생
- 182년 손권 출생
- 184년 황건적의 난 발생 / 조조·유비가 토벌에 나서 공을 세움
- 189년 동탁이 권력을 장악함 / 소제를 폐하고 헌제를 세움
- 190년 원소가 반동탁 연합군의 맹주가 됨 / 동탁이 낙양 불태우고 장안으로 천도함
- 192년 사도 왕윤이 초선을 이용한 미인계로 동탁을 죽임
- 193년 조조가 서주목 도겸을 공격하고 학살함
- 194년 유비가 서주목을 승계함
- 195년 여포가 조조에게 패해 서주의 유비에게 몸을 의탁함
- 196년 여포가 화살로 원문 밖 화극을 쏘아 유비를 구원함
- 197년 손책이 강동을 장악하고 독립함
- 200년 조조가 유비를 무찌르고 관우를 붙잡음 / 유비가 원소에게 몸을 의탁함
- 관우가 안량을 죽이고 유비에게 돌아옴 / 조조가 관도에서 원소를 대파함
- 201년 유비가 형주의 유표에게 의지함
- 205년 조조가 원소 일가를 섬멸하고 하북 지역을 장악함
- 207년 유비가 삼고초려하여 제갈량을 영입함
- 208년 조조가 승상이 되고 제갈량이 유비의 참모가 됨 / 조조가 적벽에서 촉오 연합군에게 대패함
- 209년 손권이 누이동생을 유비에게 출가시킴
- 210년 주유가 병사하고 노숙이 뒤를 이음 / 조조가 업성에 동작대를 세움
- 211년 조조가 마초·한수를 물리치고 관중을 평정함

부록 306

213년 조조가 위공(魏公)이 됨

214년 유비가 유장의 항복을 받고 익주를 차지함

215년 조조가 장로를 물리치고 한중을 차지함

217년 노숙이 죽고 여몽이 뒤를 이음

219년 유비가 정군산에서 하후연을 죽이고 한중왕에 오름
관우 사망

220년 조조 사망
조비가 뒤를 이음
낙양으로 천도

221년 유비가 황제를 칭하고 촉을 건국함
장비가 부하들에게 죽음

222년 유비가 이릉에서 육손에게 대패함

223년 유비가 백제성에서 사망함
제갈량에게 유선을 부탁하고
유선이 즉위함

224년 촉오 재동맹 성립

225년 제갈량이 남방 맹획을 칠종칠금하고 평정함

226년 위 문제 조비 죽음
명제 조예 즉위

227년 제갈량이 북벌을 위해 출사표를 씀

228년 제갈량이 기산으로 진출했지만 마속의 실수로 패함

229년 손권이 황제가 되어 남경으로 천도함

234년 제갈량이 오장원에서 죽음

238년 사마의가 요동을 토벌하고 공손연을 죽임

245년 환관 황호가 유선의 측근이 됨

249년 사마의가 쿠데타를 일으켜 조상을 죽이고 권력을 장악함
촉의 강유가 제갈량에 이어 북벌을 시작함

251년 사마의가 병사하고 아들 사마사가 뒤를 이음

252년 손권이 죽고 손량이 즉위함

263년 촉의 유선이 항복함
(촉한 멸망)

264년 오나라 마지막 황제 손호 즉위

265년 사마의 손자 사마염이 위나라를 멸망시키고 진의 초대 황제가 됨

280년 오나라 손호의 항복으로 멸망
삼국이 다시 진나라로 통일됨

삼국지 연표

307

譯抄

三國志